Au SOMMAIRE

1 QUIZ : combien de sucre dans...

Lucile Champy

JE DÉCROCHE *enfin* DU SUCRE

Hugo New Life

DANS LA MÊME COLLECTION

Vapeur douce, Jennifer Martin, avril 2020
La cuisine anti-inflammatoire gourmande, Ruben Sarfati et Dr Catherine Lacrosnière, novembre 2020
Générations vegan, Jeanne Mas, septembre 2022
Cuisine sans allergène, Marie Lossy, mars 2024
Vapeur douce 2, Jennifer Martin, avril 2024

Collection dirigée par Valérie de Sahb
Graphisme de couverture : Emmanuel Pinchon
Mise en page : Christophe Petit
Photos : © Shutterstock (sauf photos de l'autrice : © Lucile Champy ; photos produits Force Ultra Nature : © Force Ultra Nature)

Cette édition est une reprise du hors-série Biba « Je décroche enfin du sucre » de Lucile Champy.
Biba est une marque de Reworld Media.

34-36, rue La Pérouse, 75116 Paris
www.hugopublishing.fr

ISBN : 9782755675221
Dépôt légal : mai 2024
Imprimé par DZS

AVANT-PROPOS

Avant de commencer, répondez aux questions suivantes :

- Mangez-vous même lorsque vous n'avez pas faim ?
- Avez-vous des difficultés à contrôler vos grignotages ?
- Subissez-vous des gros coups de fatigue entre les repas ?
- Avez-vous de la graisse abdominale ?
- Avez-vous quelques kilos en trop ? Êtes-vous en surpoids ?
- Souffrez-vous de ballonnements ou d'autres problèmes digestifs ?
- Êtes-vous irritable quand vous ne mangez pas ?
- Savez-vous faire l'impasse sur les desserts ?
- Avez-vous l'impression de souffrir d'un brouillard mental ?
- Avez-vous régulièrement les sinus encombrés ?
- Avez-vous du mal à perdre du poids malgré les produits 0 % que vous consommez ?

Si vous répondez «oui» à une majorité de ces questions, alors:

- Mauvaise nouvelle : vous êtes sans doute accro au sucre.
- Bonne nouvelle : vous êtes au bon endroit 😉

J'ai décidé d'écrire ce nouveau guide à la suite de mon expérience en coaching. Je me suis rapidement rendue à l'évidence : le sucre était un réel problème de santé publique qui gâchait littéralement la vie de mes clientes.

Toutefois, je peux vous assurer que, si c'est votre cas, la situation peut changer.

Avec la contribution de **Force Ultra Nature**, notre partenaire qui propose un large choix de protéines végétales et de superaliments naturels et bio, je vous ai concocté un programme et des conseils malins pour vous libérer de vos envies sucrées.

Alors, certes, cette expérience ne sera pas forcément le moment le plus agréable de l'année, mais si je vous disais que, bientôt, vous serez en mesure de répondre « non » à la plupart des questions ci-dessus, ça donne envie, non ?

Let's do this!w

Suivez-moi sur Instagram: @lucile_champy

Avertissement

Les conseils donnés dans ce livre s'adressent à un large public et ne peuvent donc être personnalisés à des cas individuels. Avant de suivre le programme proposé, il est important d'en parler avec son médecin afin d'éliminer toute contre-indication, plus particulièrement pour les personnes fragiles ou à risque (femme enceinte, malades souffrant d'une pathologie...).

Et si on commençait ce livre par un petit exercice ?

Saurez-vous deviner combien de morceaux de sucre simples se cachent dans vos aliments préférés[1] ?

Coloriez le nombre de morceaux de sucre estimé pour chaque aliment.

Petit indice : un morceau de sucre pèse environ 5 g.

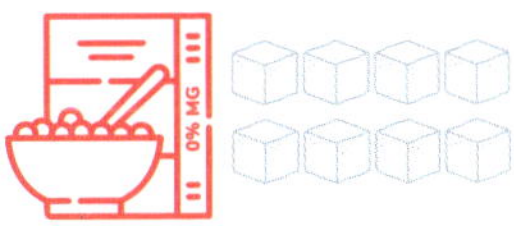

Céréales minceur nature
(portion de 50 g)

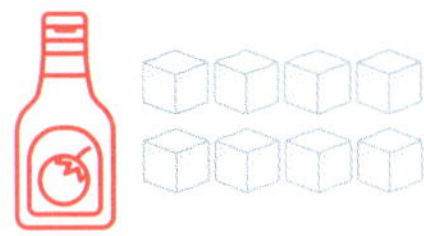

Ketchup
(2 c. à soupe)

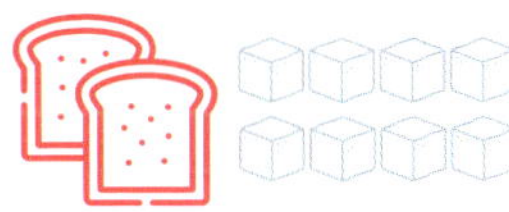

Pain de mie complet (2 tranches)

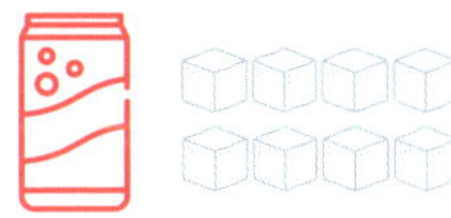

Cola (33 cl)

Sauce bolognaise
(portion de 100 g)

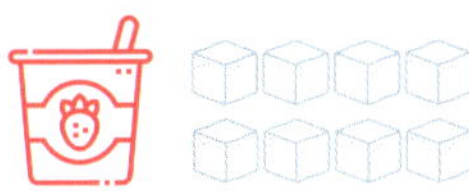

Yaourt aux fruits
(1 pot de 130 g)

Chips sel et vinaigre
(portion de 125 g)

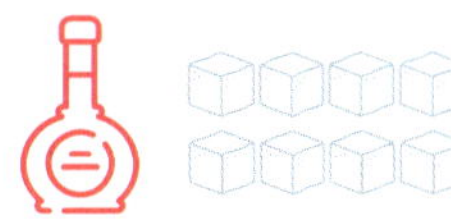

Vinaigre balsamique de Modène
(2 c. à soupe)

Cappuccino à emporter
(35 cl)

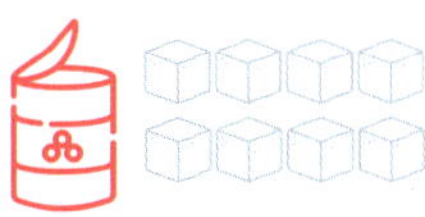

Petits pois carottes

Smoothie fraise-banane
(25 cl)

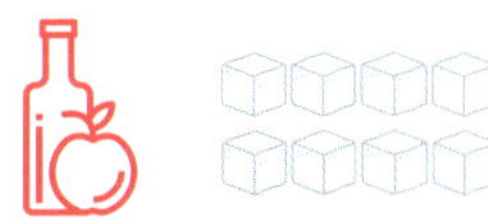

Cidre (25 cl)

Cookies gros éclats de chocolat
(2 cookies)

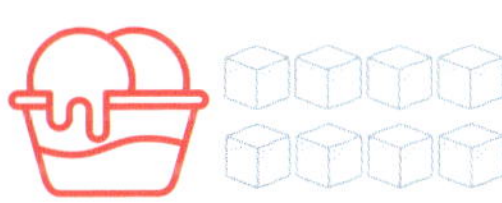

Crème glacée à la vanille
(2 boules)

Jus d'orange (25 cl)

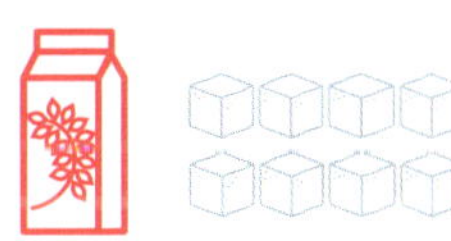

Boisson végétale à l'avoine
sans sucres ajoutés (25 cl)

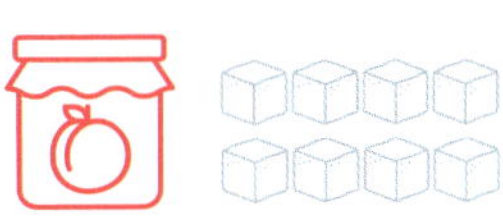

Confiture d'abricots
(2 c. à soupe)

Thé glacé à la pêche
(25 cl)

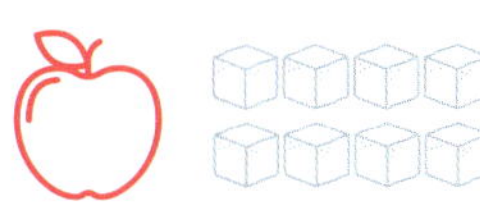

1 pomme
(120 g)

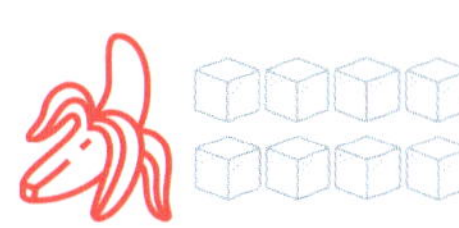

1 grosse banane

1 crème dessert
(120 g)

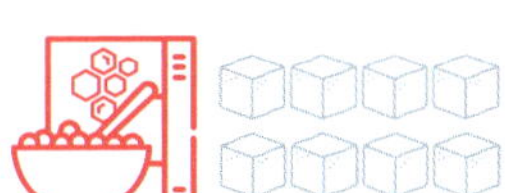

Céréales soufflées au miel
(portion de 50 g)

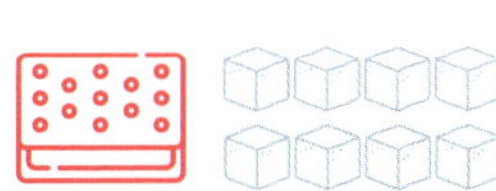

4 biscuits fourrés au chocolat

Réponses page 143

1. Il s'agit ici d'une teneur moyenne susceptible de varier en fonction de la marque du produit

2

Mais d'abord, petit rappel SUR LE SUCRE

LES GLUCIDES, C'EST QUOI ?

Les glucides viennent du mot grec *glukus*, qui signifie « doux ». Ils sont composés d'hydrogène, de carbone et d'oxygène, d'où leur autre nom d'hydrates de carbone.

Les glucides font partie de la catégorie des macronutriments, au même titre que les protéines et les lipides. Ces trois familles servent de carburant pour notre corps. Ils sont en effet dégradés pour fournir de l'énergie.

Il existe deux grandes familles de glucides.

Les glucides simples

Ce sont de petites molécules qui ont une saveur sucrée et pour lesquelles peu d'étapes sont nécessaires pour les digérer. Ils sont directement assimilables par l'organisme et sont facilement reconnaissables par le nom terminant par « ose ».

On distingue :

1. Les monosaccharides (pour faire simple, imaginez-les comme une perle):

- Le **glucose** (biscuits, viennoiseries, confiseries, glaces, etc.) ;
- Le **fructose** (boissons, sodas, glaces, confitures, fruits, etc.) ;
- Le **galactose** (produits laitiers principalement).

2. Les disaccharides (imaginez deux perles):

- Le **maltose** = glucose + glucose (grains d'orge, bière, patate douce, etc.) ;
- Le **saccharose** = glucose + fructose (sucre de table issu de la canne à sucre ou de la betterave) ;
- Le **lactose** = glucose + galactose (lait de vache, lait de chèvre, lait en poudre, fromages frais, etc.).

Puisque peu d'étapes de digestion sont nécessaires, ces **six formes de glucides** sont facilement assimilées, raison pour laquelle on va essayer d'en limiter la consommation au quotidien. Ce sont d'ailleurs les glucides que l'on retrouve dans les étiquettes nutritionnelles sous la mention « **dont sucre** ».

Les glucides complexes

Ce sont des molécules complexes nommées polysaccharides, réunies en une longue chaîne (imaginez maintenant un collier de perles). Ils demandent davantage de travail à l'organisme, qui devra les décomposer (hydrolyser) en petites unités afin de les absorber. Ils sont donc assimilés plus lentement. Contrairement aux glucides simples, ils n'apportent pas de goût sucré aux aliments.

MÉFIEZ-VOUS DU FRUCTOSE

Le fructose est un sucre qui, contrairement au glucose, n'élève pas la glycémie. En raison de son **faible index glycémique**, l'industrie agroalimentaire le met souvent en avant pour des produits à faible IG, comme le **sirop d'agave** ou le **fructose en poudre**, par exemple. Puisqu'il coûte moins cher et qu'il a un **pouvoir sucrant** plus élevé que le glucose, il est utilisé à outrance dans les produits alimentaires (sodas, boissons sucrées, gâteaux, etc.). Notre organisme n'est pas fait pour ingérer de telles quantités de fructose. Ce dernier est néfaste pour nos **intestins**, car il nourrit les bactéries intestinales pathogènes, **perturbe notre microbiote**[2] et **abîme notre foie**[3].

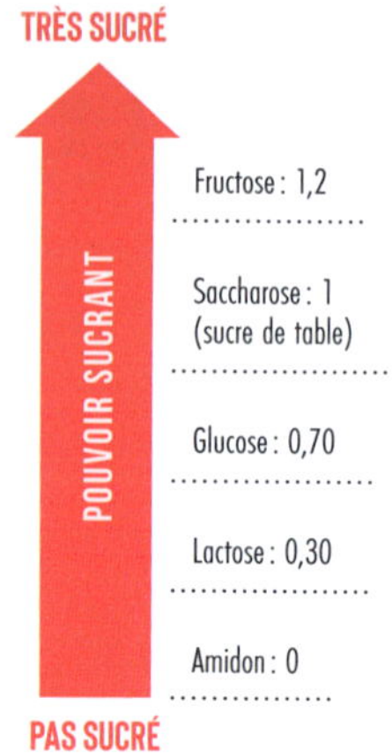

On distingue cette fois-ci :

1. Les polysaccharides digestibles, comme les amidons (féculents, pâtes, riz, pommes de terre, céréales, légumineuses, tubercules, pains).

2. Les polysaccharides non digestibles:

Ce sont les **fibres** alimentaires, telles que la **cellulose** (légumes frais, légumineuses, céréales complètes, pain complet, fruits, etc.) ou encore les **pectines** (pépin, peau et écorce des fruits et légumes).

Ces fibres ont la particularité de ne pas être dégradées dans le tube digestif. Contrairement à l'ensemble des autres glucides, elles ne font pas monter le taux de sucre sanguin. En revanche, elles remplissent d'autres fonctions très intéressantes.

- Elles **retardent l'absorption des glucides** (la glycémie s'élève de façon moins importante après le repas).
- Elles préviennent la constipation en favorisant un **bon transit**.
- Elles stimulent la croissance des **bonnes bactéries intestinales** (prébiotiques).
- Elles contribuent à la **diminution du mauvais cholestérol sanguin**, jouant un rôle dans la prévention des maladies cardio-vasculaires.
- Elles sont **rassasiantes** et contribuent à une bonne gestion du poids.

ET SI ON RÉCAPITULAIT ?

GLUCIDES SIMPLES

MONOSACCHARIDES (1 SUCRE)

EXEMPLES	SOURCES
Glucose	Gâteaux industriels
Fructose	Fruits
Galactose	Lait

DISACCHARIDES (2 SUCRES)

EXEMPLES	SOURCES
Saccharose	Sucre de table
Lactose	Lait
Maltose	Miel

GLUCIDES COMPLEXES

POLYSACCHARIDES (PLUSIEURS SUCRES)

EXEMPLES	SOURCES
Amidon	Pomme de terre Céréales (blé, maïs, riz) Légumineuses

2. Do M.H., Lee E., Oh M. J., Kim Y., Park H.Y., "High-glucose or -fructose diet cause changes of the gut microbiota and metabolic disorders in Mice without Body Weight Change", Nutrients, 2018 Jun 13; 10(6):761. doi: 10.3390/nu10060761. PMID: 29899272; PMCID: PMC6024874.
3. Muriel P., López-Sánchez P., Ramos-Tovar E., "Fructose and the liver", Int J Mol Sci, 2021 Jun 28; 22(13):6969. doi: 10.3390/ijms22136969. PMID: 34203484; PMCID: PMC8267750.

QUELS SONT LEURS RÔLES ?

Les missions principales des glucides sont liées à l'énergie :

- **Ils fournissent de l'énergie**

  Un gramme de glucides apporte **4 calories (kcal)**. Les glucides, indispensables au fonctionnement de nos **muscles** et de notre **cerveau**, sont la source d'énergie la plus rapidement utilisable par notre organisme. Si l'organisme n'a plus de glucose à disposition, il utilisera les graisses ou les protéines.

- **Ils constituent nos réserves d'énergie:**
  - Soit au niveau des **muscles** et du **foie** (le fameux glycogène) ;
  - Soit au niveau des **adipocytes** (cellules graisseuses). Si le glucose n'est pas brûlé et si les réserves de glycogène sont pleines, le sucre est transformé en gras (triglycérides).

QUE SE PASSE-T-IL DANS VOTRE ORGANISME LORSQUE VOUS MANGEZ DES GLUCIDES ?

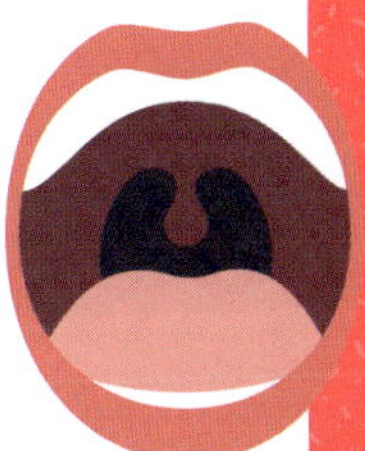

1. Les glucides sont ingérés
   - Mastication ;
   - Prédigestion grâce à certaines enzymes (amylase salivaire).
2. Les glucides sont transformés pour pouvoir passer la barrière intestinale
   - Hydrolysation des glucides, qui deviennent des molécules de monosaccharides ;
   - Assimilation ;
   - Passage dans le sang ;
   - Sécrétion d'insuline.
3. Ils poursuivent leur route vers nos organes
   - Option 1 : utilisation directe par nos cellules = énergie ;
   - Option 2 : mise en réserve dans nos stocks de glycogène en attendant d'être utilisés ;
   - Option 3 : si ce stock de glycogène est plein, conversion en triglycérides et mise en réserve dans le tissu adipeux.

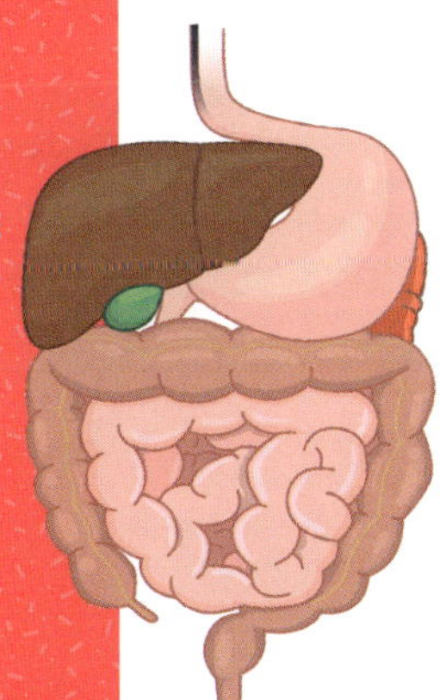

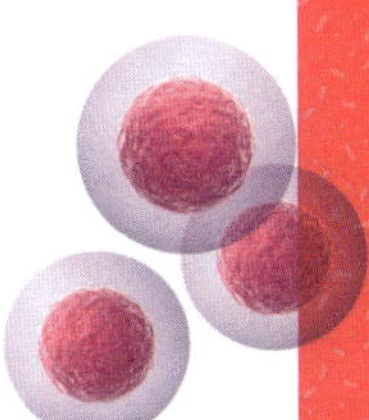

EN QUOI LE SUCRE PEUT-IL ÊTRE UN PROBLÈME DE SANTÉ PUBLIQUE ?

Si, comme nous l'avons vu, les glucides occupent une place importante et utile dans notre organisme, la consommation actuelle de sucre pose un problème pour trois raisons majeures.

- **Sa quantité:** durant 99 % de l'évolution humaine, le sucre n'était disponible que dans les fruits. La quantité de sucre que le corps humain a su apprivoiser durant tout ce temps est donc très faible. Or, depuis un demi-siècle, l'industrie en produit des volumes colossaux et le sucre est présent presque partout, jusque dans les plats salés.
- **Sa qualité:** sucre blanc, sucre de canne, sirop de glucose... Ce type de sucres simples et/ou raffinés apporte des « calories vides » et est dépourvu de minéraux, pouvant aboutir à de nombreux soucis de santé à long terme ; 76 problèmes de santé en lien direct avec la consommation de sucre ont été répertoriés par un médecin américain, le Dr Joseph Mercola[4].
- **Son intensité:** la majorité des sucres ajoutés que nous consommons s'additionne aux glucides que nous ingérons déjà en grande quantité au quotidien et provoque facilement un pic de glycémie. Ces variations de la glycémie sont de gros vecteurs de stress et d'inflammation pour notre organisme.

Creusons en détail les mauvais côtés de ce sucre simple et/ou raffiné...

- **Il fait stocker**

Comme expliqué précédemment, les sucres en excès deviennent des triglycérides. Un excès de sucre est donc un risque accru de surpoids, d'obésité[5] et de toutes les maladies dites « métaboliques[6] », telles que l'hypertension artérielle ou le diabète. Cet excès a aussi tendance à faire monter le cholestérol LDL (le soi-disant « mauvais » cholestérol) et à augmenter le risque de maladies cardio-vasculaires[7].

4. Dr Joseph Mercola, *La Vérité à propos de l'addiction au sucre,* Mercola, 6 mai 2017.
5. Te Morenga L., Mallard S., Mann J., "Dietary sugars and body weight: systematic review and meta-analyses of randomised controlled trials and cohort studies", BMJ (Clinical research ed.), 2013, vol. 346, p. e7492.
6. Bray G. A., Popkin B. M., "Dietary sugar and body weight: have we reached a crisis in the epidemic of obesity and diabetes ?: health be damned! Pour on the sugar", Diabetes Care, 2014 April ; 37(4):950-6.
7. DiNicolantonio J. J., Lucan S. C., O'Keefe J. H., "The evidence for saturated fat and for sugar related to coronary heart disease", Prog Cardiovasc Dis, 2016 Mar-Apr ; 58(5):464-72. doi: 10.1016/j.pcad.2015.11.006. Epub 2015 Nov 14. PMID: 26586275; PMCID: PMC4856550.

- **Il perturbe le microbiote**[8]

Le sucre attaque la flore bactérienne et favorise les fermentations intestinales, et les désagréments qui vont avec, comme des ballonnements ou des gaz. Il crée alors un milieu propice au développement des dysbioses, ou mycoses intestinales. Nos cellules intestinales deviennent petit à petit résistantes à l'insuline et n'absorbent plus le sucre dont elles ont besoin pour fonctionner. Elles finissent par mourir, ce qui provoque à terme des petits trous dans la muqueuse intestinale et augmente le risque de perméabilité intestinale.

- **Il est déminéralisant**

Le sucre raffiné fait partie des substances riches en calories vides qui sont complètement dénuées de vitamines, de minéraux et d'oligoéléments. Il consomme des minéraux pour son métabolisme, sans en apporter, d'où son effet déminéralisant et acidifiant. Il fait baisser nos réserves alcalines, notamment en magnésium, en calcium et en chrome. C'est un réel perturbateur de notre équilibre acido-basique.

- **Il accélère le vieillissement des cellules**[9]

La glycation est un phénomène naturel provoqué par notre ingestion de sucre qui abîme petit à petit nos cellules et nos vaisseaux. Résultat : nos tissus vieillissent prématurément. La meilleure crème anti-rides se trouve finalement dans votre alimentation !

- **Il constipe**

Le sucre ralentit le transit, ce qui peut non seulement avoir un impact sur notre système interne de détoxication, mais aussi perturber notre équilibre hormonal.

- **Il abîme nos yeux**[10]

Le sucre est l'ennemi caché des yeux. Il peut toucher et altérer tous les vaisseaux sanguins du corps, y compris ceux des yeux et entraîner à la longue des liaisons des cellules oculaires. Son excès favorise ainsi la cataracte et la DMLA (dégénérescence maculaire liée à l'âge). Ces maladies sont surtout liées au diabète, mais il est important de prendre conscience de l'impact du sucre sur l'ensemble de nos organes.

8. Satokari R., "High intake of sugar and the balance between pro- and anti-Inflammatory gut bacteria", Nutrients, 2020 May 8 ; 12(5):1348. doi: 10.3390/nu12051348. PMID: 32397233; PMCID: PMC7284805.
9. Danby F. W., "Nutrition and aging skin: sugar and glycation", Clin Dermatol, 2010 Jul-Aug ; 28(4):409-11. doi: 10.1016/j.clindermatol.2010.03.018. PMID: 20620757.
10. Bejarano E., Taylor A., "Too sweet: Problems of protein glycation in the eye", Exp Eye Res, 2019 Jan ; 178:255-262. doi: 10.1016/j.exer.2018.08.017. Epub 2018 Aug 24. PMID: 30145354; PMCID: PMC8351608.

- **Il abîme le foie**

L'excès de sucre peut produire des dommages importants sur le foie : ce dernier convertit cet excès de sucres en gras (stéatoses), ce qui va l'engraisser. À terme, il existe un risque de développer une stéatose hépatique non alcoolique, que l'on appelle plus communément « maladie du foie gras[11] ». Sans oublier que, la peau étant un relais du foie, l'excès de sucre peut favoriser les problèmes de peau.

- **Il favorise un diabète de type 3[12]**

Le diabète de type 1 est lié à la destruction des cellules qui produisent de l'insuline. Le diabète de type 2, lié au mode de vie, s'explique par le fait que l'insuline produite n'accomplit plus correctement son travail. Le diabète de type 3, quant à lui, est un diabète du cerveau, très destructeur, puisqu'il entraîne une dégénérescence neuronale et contribue à long terme au développement de la maladie d'Alzheimer. Le glucose ne peut alors plus pénétrer les cellules de notre cerveau, qui « meurent de faim ».

- **Il est pro-inflammatoire[13]**

Toutes ces répercussions sur l'ensemble de nos organes accentuent les phénomènes inflammatoires. Or cette inflammation est la porte ouverte à de nombreux problèmes de peau (acné, eczéma, psoriasis), digestifs (perméabilité intestinale, candidose), aux douleurs (arthrose, par exemple) et à de nombreuses maladies (diabète de type 2, endométriose, etc.).

- **Son excès est cancérogène[14]**

Le sucre en excès favorise l'obésité, laquelle augmente le risque de certains cancers (fluctuations hormonales, résistance à insuline, inflammation chronique, etc.) : côlon, estomac, pancréas, utérus et sein. D'autre part, plus le corps subit cette « roulette russe » de la glycémie, plus il libère de l'insuline. Or cette insuline favorise de son côté la libération d'une hormone, l'IGF-1, qui participe à la croissance des cellules cancéreuses et inhibe l'apoptose, la mort naturelle de nos cellules.

11. Jensen T., Abdelmalek M. F., Sullivan S., Nadeau K. J., Green M., Roncal C., Nakagawa T., Kuwabara M., Sato Y., Kang D. H., Tolan D. R., Sanchez-Lozada L. G., Rosen H. R., Lanaspa M. A., Diehl A. M., Johnson R. J., "Fructose and sugar: A major mediator of non-alcoholic fatty liver disease", J Hepatol, 2018 May; 68(5):1063-1075. doi: 10.1016/j.jhep.2018.01.019. Epub 2018 Feb 2. PMID: 29408694; PMCID: PMC5893377.
12. Nguyen T. T., Ta Q. T. H., Nguyen T. K. O., Nguyen T. T. D., Giau V. V., "Type 3 diabetes and its role implications in Alzheimer's disease", Int J Mol Sci, 2020 Apr 30 ; 21(9):3165. doi: 10.3390/ijms21093165. PMID: 32365816; PMCID: PMC7246646.
13. Freeman C. R., Zehra A., Ramirez V., Wiers C. E., Volkow N. D., Wang G. J., "Impact of sugar on the body, brain, and behavior", Front Biosci (Landmark ed.), 2018 Jun 1 ; 23(12):2255-2266. doi: 10.2741/4704. PMID: 29772560.
14. Laguna J. C., Alegret M., Cofán M., Sánchez-Tainta A., Díaz-López A., Martínez-González M. A., Sorlí J. V., Salas-Salvadó J., Fitó M., Alonso-Gómez Á. M., Serra-Majem L., Lapetra J., Fiol M., Gómez-Gracia E., Pintó X., Muñoz M. A., Castañer O., Ramírez-Sabio J. B., Portu J. J., Estruch R., Ros E., "Simple sugar intake and cancer incidence, cancer mortality and all-cause mortality: A cohort study from the PREDIMED trial", Clin Nutr, 2021 Oct ; 40(10):5269-5277. doi: 10.1016/j.clnu.2021.07.031. Epub 2021 Aug 10. PMID: 34536637.

LES BÉNÉFICES D'UNE DÉTOX DE SUCRE

- **Plus d'énergie!**

Le sucre provoque une hypoglycémie et donc une fatigue systématique (hypoglycémie réactionnelle). Par ailleurs, son apport excessif favorise le développement des levures intestinales, qui épuisent le système digestif. Le consommer autrement, comme expliqué dans ce guide, vous permettra de réguler vos taux d'insuline et de réactiver vos mitochondries, les petites centrales énergétiques des cellules.

- **Une santé intestinale retrouvée**

Moins de ballonnements, moins de constipation, moins d'aigreurs d'estomac, moins de gaz... Bref, un transit retrouvé ! Et puisque le microbiote est relié au système immunitaire, notre immunité n'en sera que meilleure.

- **Moins de fringales**

Plus l'on mange de sucres simples, plus l'on dérégule notre synthèse de sérotonine et de dopamine. Or la sérotonine nous permet de lutter contre ces fringales de sucre et la dopamine intervient dans les cycles de « récompense ».

- **Un moral au beau fixe**

Moins de fatigue, plus d'entrain et de motivation. Le sucre nous plombe le moral, car son effet ne dure que très peu de temps ! Son arrêt ou sa diminution permettra une plus grande stabilité hormonale et ainsi moins d'irritabilité.

- **Une plus grande confiance en soi**

Un déstockage graisseux, moins de cellulite, moins de problèmes de peau ainsi que la meilleure des préventions anti-âge et ainsi *anti-inflammaging*[15]. Sans compter sur la satisfaction d'avoir réussi à résister face à cette « drogue » qui nous gâche la vie !

- **Et surtout... une santé au top!**

Moins de migraines, moins de problèmes bucco-dentaires, moins d'inflammation, les sinus désencombrés, un système immunitaire moins « drogué » et donc moins d'infections chroniques.

Pas mal, non ?

15. *Inflammaging*: vieillissement de la peau provoqué par l'inflammation chronique des cellules.

3

Pourquoi EST-ON ACCRO AU SUCRE ?

Une histoire de survie humaine!

Et une histoire qui commence dès les premiers jours de la vie : le sucre se trouve dans la nourriture du nourrisson sous forme de lactose dans le lait maternel. Si le bébé en redemande, c'est que le lait maternel est naturellement sucré. Nous sommes génétiquement programmés pour aimer ce goût sucré ; c'est inné. Imaginez : sans ce goût sucré, les bébés ne se nourriraient pas, et c'est l'espèce humaine dans son ensemble qui serait anéantie !

C'est également une **histoire liée à nos ancêtres** : l'homme préhistorique a toujours eu une certaine appétence pour les fruits. Lorsqu'il mangeait un fruit riche en sucre, celui-ci lui apportait une grande satisfaction que son cerveau imprimait et qui l'incitait à réitérer l'expérience. Le sucre est en fait un signal chimique qui indique que l'on peut se procurer de l'énergie. Ces fruits permettaient ainsi de stocker et de faire des réserves pour l'hiver, et donc... de survivre !

Finalement, la présence de sucre envoie un signal de sécurité, car les produits sucrés sont **rarement toxiques**.

À l'inverse, le goût amer rappelle instinctivement les poisons.

Un message gustatif transmis au cerveau

La perception du goût sucré se propage de la langue (grâce aux papilles) jusqu'au cerveau, et plus précisément jusqu'au **cortex cérébral** (la couche externe du cerveau). Ce dernier exerce de nombreuses fonctions, dont celles de traiter l'information sensorielle. Ainsi, dès que les récepteurs de goût sucré s'activent, le cortex cérébral reçoit le signal et comprend que nous sommes en train de manger quelque chose de sucré. Notre système de récompense est sollicité, de la **dopamine** est produite et c'est du plaisir instantané que nous avons envie de revivre le plus rapidement possible !

Une industrie agroalimentaire qui en met partout

Jusqu'au siècle dernier, le sucre simple était rare, tout comme sa consommation. Les aliments sucrés ne faisaient pas partie du quotidien. Ils s'arrêtaient finalement aux fruits et au miel, et variaient selon les saisons et leur disponibilité. Aujourd'hui, **le sucre est partout.** Puisqu'il agit comme un formidable exhausteur de goût, l'industrie agroalimentaire l'ajoute dans tous les produits, qu'ils soient salés ou sucrés, afin de nous faire consommer davantage.

RÉSULTAT

Dès lors, face :

- Au plaisir inné que le sucre nous procure ;
- À l'abondance des sucres simples dans notre alimentation actuelle ;
- À leur consommation régulière, voire excessive, un système très vicieux se crée dans l'organisme et de nombreuses personnes (y compris vous peut-être) n'arrivent plus à se contrôler, ou à s'arrêter.

LE CERCLE VICIEUX PHYSIOLOGIQUE DE L'ADDICTION AU SUCRE

1. Mes papilles sont en effervescence.

2. Mon cerveau relâche de la dopamine et mon système de récompense est en mode « ON ». J'éprouve une sensation de bien-être. Mon pancréas sécrète de l'insuline pour faire baisser ma glycémie.

3. Cette hypoglycémie qui suit le travail de l'insuline me donne un gros coup de fatigue. Mon circuit de la récompense passe en mode « OFF ». Je subis un petit coup de déprime, car mes récepteurs de dopamine sont saturés.

4. Mon corps a une envie irrémédiable de sucre pour remédier à ce coup de fatigue. Je remange du sucré pour retrouver cette sensation de bien-être.

Que se passe-t-il dans notre organisme lorsque l'on consomme trop et trop souvent du sucre?

Le système de récompense est suractivé. Le circuit de la récompense est un système inné chez l'homme qui l'incite à reproduire ce qui lui est favorable.

Néanmoins, dans ce cas précis, où il est sans cesse stimulé par notre surconsommation de sucre, les envies ne sont jamais comblées et deviennent plus grandes.

Ce phénomène est dû à nos **récepteurs de dopamine**, qui se retrouvent saturés et deviennent **moins sensibles**. **Nous nous habituons à cette sensation de bien-être**, qui ne suffit plus. C'est de cette manière que naissent cette sensation d'accoutumance, cette envie de plus de sucre encore et cette difficulté à arrêter.

Les montagnes russes de la glycémie commencent. Les récepteurs de sucre qui se trouvent dans l'intestin signalent à votre cerveau que votre corps doit produire de l'**insuline**.

Plus l'on mange de sucre, plus nous avons besoin d'insuline pour le réguler.

À chaque apport de sucre, de l'insuline est sécrétée, entraînant un épisode d'hypoglycémie.

On parle d'**hypoglycémie réactionnelle**. Ainsi, en réaction face à cette baisse du sucre dans le sang, le corps, en manque d'énergie, redemande un apport sucré. C'est un vrai cercle vicieux.

QU'EST-CE QUE LA DOPAMINE ?

La dopamine est un **neurotransmetteur**, c'est-à-dire une molécule qui transmet des messages de neurone en neurone.

Elle apporte de l'éveil, de la motivation mais aussi du plaisir. Finalement, elle est au circuit de la récompense ce que l'argent est aux humains.

C'est un peu « la cerise sur le gâteau », qu'on libère à la suite de l'activation de notre circuit de la récompense.

Imaginez : vous avez de l'argent à n'en plus finir et vous pouviez tout vous acheter. Au bout d'un certain temps, cet argent ne suffirait plus à faire votre bonheur et vous chercheriez autre chose pour vous faire plaisir.

C'est le même mécanisme qui se déroule dans votre corps lorsque vous consommez du sucre en excès.

Peut-on parler de drogue?

D'après les travaux menés par le Dr Serge Ahmed, neurobiologiste et directeur de recherches au CNRS et à l'université de Bordeaux, même si l'addiction au sucre **n'est pas reconnue officiellement** comme un trouble mental, il existe bel et bien une **relation de dépendance**[16] qui s'installe avec les aliments sucrés. Les études du spécialiste auprès de rats de laboratoire ont démontré que la grande majorité des rongeurs exposés à un choix entre du sucre et de la cocaïne choisissaient le sucre. D'après ce dernier, de 5 à 10 % de la population présente des comportements d'addiction aux aliments sucrés, et ce pourcentage augmente chez les **personnes obèses**, qui manquent souvent de **dopamine**, ou chez les **personnes dépressives** ou anxieuses, qui manquent souvent de **sérotonine**.

QUELLES SONT LES HORMONES IMPLIQUÉES DANS LA RÉGULATION DU TAUX DE SUCRE ?

- **L'insuline** : cette hormone sécrétée par le pancréas est **hypoglycémiante**. Elle récupère le sucre dans le sang et l'amène à la cellule, qui pourra l'utiliser comme source d'énergie.
- **Le glucagon** : cette hormone est elle aussi sécrétée par le pancréas, mais, contrairement à l'insuline, elle est **hyperglycémiante**. En effet, dès que le taux de sucre est bas, le glucagon procède à la libération du glycogène pour le transformer en glucose et rééquilibrer la glycémie.
- **Le cortisol et les autres hormones du stress** : ces hormones du stress sécrétées par les glandes surrénales sont **hyperglycémiantes**. Le stress active en effet notre système nerveux sympathique, qui nous permet depuis la nuit des temps de nous enfuir au moindre danger ou de nous battre. C'est notre système « *fight or flight*[17] ». Or, pour combattre ou fuir, il nous faut de l'énergie ; le taux de sucre remonte donc naturellement.

16. Ahmed S. H., Guillem K., Vandaele Y., "Sugar addiction: pushing the drug-sugar analogy to the limit", *Curr Opin Clin Nutr Metab Care*, 2013 Jul ; 16(4):434-9. doi: 10.1097/MCO.0b013e328361c8b8. PMID: 23719144.
17. *Fight or flight* : « combattre ou fuir ».

4

Quel·le SUGAR BABE[18] êtes-vous ?

18. Sugar Babe est un terme inventé pour désigner les personnes « accros au sucre ».

POUR AGIR SUR VOTRE ADDICTION, IL FAUT EN CONNAÎTRE LA CAUSE

D'après les travaux du docteur Jacob Teitelbaum[19], figure emblématique de la médecine intégrative aux États-Unis et spécialiste des liens entre les sucres et les maladies chroniques, il existe quatre profils d'addiction au sucre.

Où vous situez-vous ?

COCHEZ « OUI » QUAND LA PHRASE VOUS CORRESPOND.

PROFIL A	OUI
J'ai très souvent un coup de barre en milieu de matinée ou dans l'après-midi.	
Je ne cuisine pas beaucoup.	
J'ajoute du sucre dans mon café et/ou mon thé.	
Je bois des sodas (y compris light).	
Je mange surtout des céréales raffinées et du pain blanc.	
Je grignote régulièrement.	
Je ne résiste pas aux bonbons ou aux petits gâteaux à disposition au bureau.	
Je ne mange pas suffisamment de légumes pendant mes repas.	
TOTAL	

PROFIL B	OUI
Je suis fatigué·e dès le réveil.	
Je ne peux pas me passer de café.	
J'ai du mal à me concentrer.	
J'ai du mal à me motiver.	
Je suis anxieuse.	
Je peux vite être irritable.	
Je fais beaucoup de sport, y compris du sport intense.	
J'ai l'impression d'avoir un brouillard mental.	
TOTAL	

19. *Beating sugar addiction*, Jacob Teitelbaum, MD, Fair Winds.

PROFIL C	OUI
Je me sens ballonnée à l'approche de mes règles.	
Je suis mal dans ma peau la semaine avant mon cycle.	
Je fais plus de craquages pendant mes règles.	
Je suis facilement irritable avant mes règles.	
Je suis déprimée avant mes règles.	
Je prends du poids pendant mes règles.	
Mon humeur fluctue au fil de mon cycle.	
J'ai toujours faim avant mes règles.	
TOTAL	

PROFIL D	OUI
J'ai fait une cure d'antibiotiques dans l'année.	
Je suis sujet·te aux mycoses.	
Je souffre très souvent de ballonnements.	
J'ai une sensation de lourdeur après manger.	
J'ai des soucis de transit.	
Je suis sous pilule.	
J'ai pas mal d'intolérances alimentaires.	
J'ai des problèmes de peau.	
TOTAL	

Comptez le nombre d'affirmations pour chaque colonne et identifiez la colonne où vous avez une majorité de « OUI ».

MAJORITÉ DE « OUI » POUR LE PROFIL A

Votre addiction est liée à votre gestion de la glycémie.

Vous êtes sujet·te à des hypoglycémies en raison desquelles le sucre devient pour vous indispensable afin de retrouver de l'énergie rapidement. Le glucose est en effet la source d'énergie la plus facilement disponible pour l'organisme.

Quelques symptômes qui doivent vous alerter:

- Coups de barre en milieu de matinée et d'après-midi ;
- Une énergie rapidement retrouvée après l'ingestion d'un aliment sucré ;
- Une impression d'avoir toujours soif ;
- Des sautes d'humeur ;
- Des soucis de concentration.

En cause:

- Alimentation pas toujours équilibrée ;
- Mauvais choix alimentaires au mauvais moment ;
- Un côté épicurien qui vous fait profiter des petits plaisirs de la vie, comme ces petits chocolats qu'on vous propose gentiment au bureau.

Ainsi, vous n'êtes **pas forcément une personne qui mange n'importe quoi** ! Cependant, certaines de vos habitudes alimentaires et de mode de vie sont à revoir.

Notre glycémie doit toujours être stable (en moyenne entre 0,7 et 1,1 g de sucre pour 1 l de sang). Sans cela, nous serions tout le temps « dans les vapes » et notre cerveau ne fonctionnerait pas.

C'est de cette manière que nous expérimentons le cercle infernal suivant:

- Chute brutale de la glycémie (hypoglycémie) ;
- Consommation d'un aliment sucré afin de nous réveiller rapidement ;
- Nouvelle chute glycémique ;
- Nouvelle alimentation sucrée.

Avec pour conséquences physiologiques:

- Surconsommation de vitamines B, de chrome et d'autres oligoéléments ;
- Fatigue persistante ;
- Stockage des graisses ;
- À long terme, risque accru de développer un diabète de type 2, des troubles cardio-vasculaires ou de devenir obèse.

COURBE DE GLYCÉMIE APRÈS INGESTION D'ALIMENTS À :

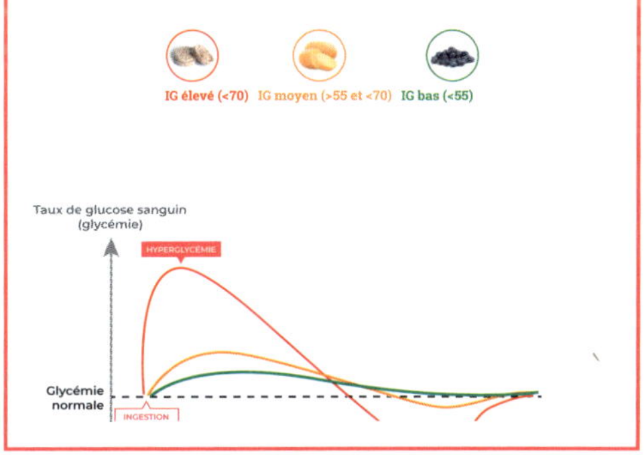

VOTRE OBJECTIF SERA DONC DE STABILISER VOTRE GLYCÉMIE.

MAJORITÉ DE « OUI » POUR LE PROFIL B

Votre addiction est liée à votre anxiété et à votre stress.

Dès que vous vivez une situation stressante ou angoissante, vous avez besoin de décompresser en mangeant du sucre.

Quelques symptômes qui doivent vous alerter:

- Irritabilité et déprimes régulières ;
- Surréaction à des événements peu graves ;
- Difficultés de concentration et de mémorisation ;
- Impression d'un *brain fog* (« brouillard mental ») ;
- Fatigue chronique ;
- Problèmes de sommeil.

En cause:

Votre anxiété chronique conduit vos glandes surrénales à produire du **cortisol**, voire de l'**adrénaline** en excès. Ces deux hormones sont reconnues comme étant celles du stress. Elles sont **hyperglycémiantes** et élèvent le taux de sucre dans le sang, car le corps met à votre disposition une énergie immédiate afin de parer à une éventuelle urgence, puisque le stress est synonyme de danger pour l'organisme. D'autre part, le stress **épuise vos stocks de magnésium**, ce qui entraîne un manque d'énergie.

LES MÉCANISMES DE RÉPONSE AU STRESS

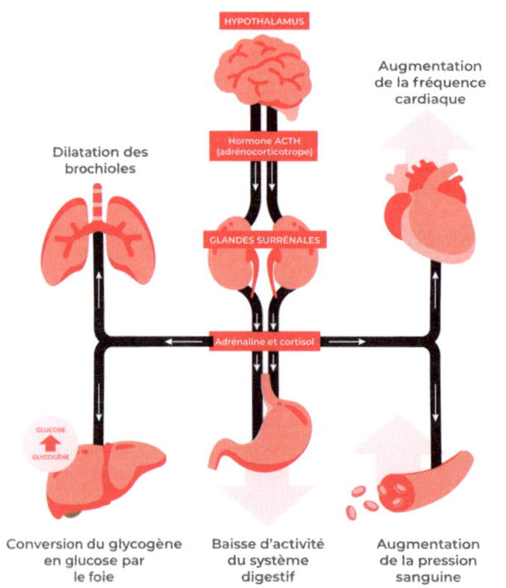

Résultat:

- Excès de stress et/ou stress continu = épuisement surrénalien = fatigue = recherche d'énergie *via* le sucre ;
- Excès de stress et/ou stress continu = excès de sucre dans le sang = stockage dans les tissus graisseux – généralement autour de la taille, car les adipocytes (cellules qui stockent le gras) situées à cet endroit possèdent davantage de récepteurs pour le cortisol que les cellules se trouvant à d'autres niveaux du corps.

VOTRE OBJECTIF SERA DONC D'APPRENDRE À MAÎTRISER VOTRE STRESS, DE PRENDRE SOIN DE VOS GLANDES SURRÉNALES ET DE VOTRE SYSTÈME NERVEUX.

MAJORITÉ DE « OUI » POUR LE PROFIL C

Votre addiction est liée à un déséquilibre hormonal.

Votre addiction au sucre fluctue en fonction de votre cycle et connaît un pic quelques jours avant vos règles. On parle de **SPM** (syndrome prémenstruel). Le mécanisme est similaire lors de la ménopause, avec les chutes hormonales.

Quelques symptômes qui doivent vous alerter:

- Déprime et irritabilité ;
- Ballonnements et prise de poids temporaires ;
- Seins douloureux ;
- Faim plus prononcée et pulsions de sucre[20].

En cause:

- Nos hormones ;
- En fin de cycle, nos **changements hormonaux** peuvent nous donner davantage faim[21] ;
- Nos **besoins caloriques** peuvent également augmenter de 5 à 10 % pendant la phase lutéale, qui commence après l'ovulation[22] ;
- Ces variations hormonales affectent également nos neurotransmetteurs, dont la **sérotonine**. Notre sensation de bien-être est alors diminuée, ce qui baisse notre moral et nous donne envie de sucre et de chocolat.

VOTRE OBJECTIF SERA DONC DE PRENDRE SOIN DE VOTRE SYSTÈME HORMONAL ET DE BOOSTER VOS NIVEAUX DE SÉROTONINE.

POURQUOI AVONS-NOUS UNE PLUS GROSSE ENVIE DE CHOCOLAT AVANT NOS RÈGLES ?

Parce que le chocolat est l'aliment parfait pour cette période :

- Il comble nos envies de sucre et de graisses qui sont plus forts ;
- Il nous donne un « coup de boost » grâce à sa richesse en théobromine, sa substance excitante ;
- Il comble nos besoins d'endorphine, ce qui diminue le stress et nous relaxe[23].

20. Dye L., Blundell J. E., "Menstrual cycle and appetite control: implications for weight regulation", *Human Reproduction*, vol. 12, Issue 6, 1 June 1997, pages 1142-1151.
21. Racine S. E., M.A., Culbert K. M., M.A., Keel P. K., Ph.D., Sisk C. L., Ph.D., Burt S. A., Ph.D., Klump K. L., Ph.D., "Differential associations between ovarian hormones and disordered eating symptoms across the menstrual cycle in women", 07/06/2011.
22. "Why Am I So Hungry On My Period?", Dr. Jolene Brighten, May 3, 2021.
23. Meier B. P., Noll S. W., Molokwu O. J., "The sweet life: The effect of mindful chocolate consumption on mood", *Appetite*, 2017 Jan 1 ; 108:21-27. doi: 10.1016/j.appet.2016.09.018. Epub 2016 Sep 15. PMID: 27642035.

MAJORITÉ DE « OUI » POUR LE PROFIL D

Votre addiction est liée à un déséquilibre intestinal.

Vous avez des problèmes intestinaux qui provoquent en vous ces envies irrésistibles de sucre.

Quelques symptômes qui doivent vous alerter:

- Désordres digestifs (ballonnements, flatulences, constipation et/ou diarrhées) ;
- Moral en berne ;
- Fatigue chronique.

En cause:

- Le stress ;
- Une alimentation inadaptée ;
- La prise prolongée ou récurrente de médicaments (antibiotiques, anti-inflammatoires, contraceptif oral, etc.) ;
- L'eau chlorée ;
- Et… le sucre ! Ce dernier favorise la prolifération de mauvaises bactéries et donc le déséquilibre du microbiote.

QUELS ÉLÉMENTS PORTENT ATTEINTE À VOTRE SANTÉ INTESTINALE ?

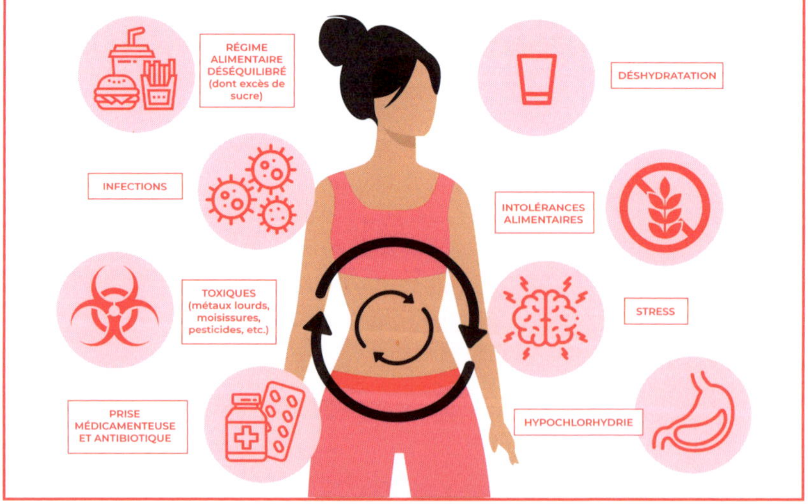

VOTRE OBJECTIF SERA DONC DE RÉTABLIR LA SANTÉ DE VOTRE MICROBIOTE.

5

Plan D'ATTAQUE

LES SOLUTIONS POUR TOUS·TES

LE SEVRAGE

Durée :
42 jours, soit 6 semaines
En pratique :
3 étapes

Avec ma méthode, vous vous désaccoutumerez rapidement du sucre. La première semaine ne sera pas évidente; comme pour tout rééquilibrage alimentaire, il y a une phase transitoire à passer, l'objectif étant de changer vos vieilles habitudes. Rassurez-vous: j'ai tout prévu pour rendre cette expérience la plus facile possible.

1RE ÉTAPE: PLACE AU GRAND MÉNAGE

Jour 1 à 7 · 1 semaine

Identifiez tout d'abord tous les produits au goût sucré que vous consommez quotidiennement ainsi que les produits raffinés:

- Les **sucres blancs et raffinés**: sucre de betterave, sucre de canne, cassonade, sucre roux, sucre glace, etc. ;
- Les **sucres dits «sains»** : sucre de coco, sirop d'agave, miel, sirop de Yacon, etc. ;
- Les **produits avec sucres ajoutés**, qu'ils soient sains ou non : yaourts aromatisés, compotes, pudding de chia, smoothies industriels, fromage blanc et coulis de fruits rouges, etc. ;
- Les **féculents à base de farine blanche** : pain blanc, pâtes blanches, semoule, biscottes, crackers, etc. ;
- Les **glucides les plus glycémiques et/ou transformés**: riz blanc opaque, galettes de maïs, tartines soufflées sans gluten, purée de pommes de terre en flocons, etc. ;
- Les **tubercules**: patates douces, carottes cuites, betteraves cuites, courges et châtaignes ;
- Les **produits laitiers suivants**: laits, fromages blancs, fromages frais, *cottage cheese*, yaourts (même nature), crèmes dessert et crèmes glacées;
- **Tous les fruits et jus de fruits** (y compris les jus pressés maison);
- Les **boissons sucrées** (y compris les kombuchas et les kéfirs);
- Les **superaliments sucrés**: maca, caroube, acérola, camu-camu, etc.;
- Les **tablettes de chocolat** autres que celles 100 % cacao;
- **Tous les alcools.**

LE SAVIEZ-VOUS ?

Les papilles gustatives se régénèrent tous les huit à dix jours environ, ce qui signifie que, rien qu'après cette première étape, vous vous serez déshabitué·e du goût sucré. Bonne nouvelle, non ?

Pendant sept jours, supprimez-les de votre alimentation et consommez uniquement des produits que vous avez vous-même cuisinés pour ne pas vous leurrer.

Attention: le sucre est présent dans 80 % des produits emballés!

SAVIEZ-VOUS QUE LES ALCOOLS SONT POUR LA PLUPART TRÈS SUCRÉS ?

ALCOOL	ÉQUIVALENCE POUR 1 VERRE	KCAL	TENEUR EN GLUCIDES (EN G)
Rhum	4 cl	99	0
Tequila	4 cl	98	0
Gin	4 cl	106	0
Vodka	4 cl	94	0,2
Cognac	4 cl	91	0,4
Whisky	4 cl	74	0,5
Pastis	4 cl	68,5	0,7
Rosé	12,5 cl	89	1,7
Vin rouge	12,5 cl	95	1,9
Vin blanc sec	12,5 cl	69	2
Saké	4 cl	53	2
Vin blanc normal	12,5 cl	97	3,2
Champagne brut	12,5 cl	102	3,5
Bière blanche	33 cl	114	9
Kir royal	12,5 cl	138	12
Cidre doux	25 cl	93	12,7
Bière brune	33 cl	132	13,5
Bière forte	33 cl	203	15
Spritz	20 cl	70	16,4
Panaché	33 cl	119	18
Mojito	30 cl	159	18
Punch	15 cl	243	26,7
Piña colada	14 cl	245	32

LA PRÉPARATION: LA CLÉ DE LA RÉUSSITE

Ne vous lancez pas du jour au lendemain dans votre sevrage et mettez-vous dans de bonnes conditions :

- Familiarisez-vous avec ce livre et les **étapes du sevrage**;
- Prenez le temps de **finir les aliments sucrés de votre placard** pour ne pas succomber à la tentation. Vous pouvez aussi les donner à votre entourage;
- À l'inverse, remplissez vos placards de **produits naturels, sains et bruts**;
- Débutez ce sevrage à **une période calme**, sans pression professionnelle ni soirées ou week-ends planifiés afin d'éviter les tentations;
- **Prévoyez vos repas à l'avance**; la réussite se trouve dans l'anticipation ! Utilisez un semainier pour planifier vos menus et ainsi vous faciliter la vie au quotidien, tel que celui contenu dans mon précédent ouvrage, *Le Guide healthy*;
- Faites le **sevrage en équipe**: inviter vos proches à vous rejoindre sera une manière encore plus efficace de faire ce challenge. #StrongerTogether !

LES ERREURS À NE PAS FAIRE

- Remplacer le sucre par des **édulcorants** (artificiels ou naturels)
  - Les **édulcorants artificiels** sont nocifs: ils perturbent notre microbiote[24], ne diminuent ni les risques de **surpoids**[25] ni les risques de diabète[26]; certains, comme le sucralose, pourraient même induire une sécrétion d'insuline[27] et devenir cancérigènes lorsqu'ils sont chauffés;
  - Les **édulcorants naturels** entretiennent le goût sucré.
- Vous lâcher sur les **féculents** en guise de **compensation.** Ils restent des glucides, même s'ils n'ont pas un goût sucré. Contrôlez vos portions et restez dans la maîtrise. Faites le plein de légumes et de protéines pour vous rassasier.

24. Suez J., Korem T., Zilberman-Schapira G., Segal E., Elinav E., "Non-caloric artificial sweeteners and the microbiome: findings and challenges", *Gut Microbes*, 2015 ; 6(2):149-55. doi: 10.1080/19490976.2015.1017700. Epub 2015 Apr 1. PMID: 25831243; PMCID: PMC4615743.
25. Pearlman M., Obert J., Casey L., "The Association Between Artificial Sweeteners and Obesity", *Curr Gastroenterol Rep*, 2017 Nov 21 ; 19(12):64. doi: 10.1007/s11894-017-0602-9. PMID: 29159583.
26. Purohit V., Mishra S., "The truth about artificial sweeteners—Are they good for diabetics ?", *Indian Heart J*, 2018 Jan-Feb ; 70(1):197-199.
doi: 10.1016/j.ihj.2018.01.020. PMID: 29455781; PMCID: PMC5903011.
27. Schiffman S. S., Rother K. I., "Sucralose, A Synthetic Organochlorine Sweetener: Overview of Biological Issues ; ournal of Toxicology and Environmental Health", Part B, *Critical Reviews*.

- Vous ruer sur les **boissons caféinées**. Ce sevrage peut facilement vous provoquer de la fatigue supplémentaire mais ce n'est pas une raison pour vous jeter sur votre café. Ce dernier vous procure de la **fausse énergie** : il ne vous en apporte pas, mais oblige votre corps à **puiser dans ses réserves**. Avec cet apport important de caféine, votre organisme agira comme si vous étiez stressé·e et obligera vos glandes surrénales à sécréter du **cortisol**. En conséquence, votre foie libérera davantage de glycogène, qui se retrouvera alors sous forme de **glucose** dans votre sang pour que vous vous sentiez boosté·e. C'est tout ce que l'on veut éviter !

HELP, JE N'AIME PAS LE CAFÉ SANS SUCRE !

Mes solutions :

- Essayez une **nouvelle variété de café**, puisqu'il en existe de nombreuses sortes aux arômes différents, et certains adoucissent son goût ;
- Investissez dans une **cafetière de qualité**, notamment à grains, pour davantage d'arômes (plus d'informations dans mon livre *Le Guide healthy*)
- Remplacez-le par du **café d'orge** ou de la **chicorée**, naturellement moins amers.

AURAI-JE DES SYMPTÔMES DE MANQUE ?

Il est effectivement possible que, durant les premiers jours, vous ressentiez certains symptômes désagréables, mais tout dépend de votre consommation préalable.

Parmi les symptômes courants:

- Envie irrésistible d'aliments sucrés ou caloriques ;
- Manque d'énergie ;
- Sentiment de déprime ;
- Constipation et/ou diarrhée ;
- Irritabilité ou anxiété ;
- Crampes d'estomac ;
- Douleurs musculaires ;
- Nausées ;
- Maux de tête.

Ces symptômes apparaissent pour plusieurs raisons:

- **D'un point de vue psychologique,** l'être humain déteste le vide. Retirez-lui quelque chose (cigarette, jouet d'enfant, confiseries, etc.) et il fera à coup sûr une fixette dessus pendant quelque temps;
- **D'un point de vue biochimique,** ce sevrage peut déséquilibrer l'organisme en électrolytes, voire le déshydrater. L'insuline est en effet moins sécrétée et, de ce fait, le corps stocke moins de glycogène (les réserves de sucre de notre organisme). En conséquence, on urine davantage (c'est ce que l'on nomme la diurèse) et on perd plus de sels minéraux, comme le sodium. Voilà pourquoi il est important de **manger équilibré, naturel et varié, et de bien s'hydrater**.

LE CERCLE ÉMOTIONNEL DE L'ADDICTION AU SUCRE

AUTRES CONSEILS

- Supplémentez-vous en **magnésium**; du fait de cette diurèse, le corps aura tendance à le sacrifier, pouvant aboutir à des problèmes de sommeil, de constipation et d'anxiété;
- Apportez du **sel** dans vos plats maison, sous sa forme qualitative: sel marin, fleur de sel, etc. Pas de sel de table, puisqu'il est également... raffiné!
- **Hydratez-vous** encore et encore: en buvant de l'eau (filtrée si possible), dans laquelle vous pouvez ajouter de la menthe, de l'hibiscus, des rondelles de citron ou de concombre;
- Augmentez vos apports en **bonnes graisses** pour ne pas manquer d'énergie et apporter suffisamment de calories;
- Remplacez le sucre par des **épices**, comme la cannelle ou la vanille;
- Préférez les **petits déjeuners salés** pour commencer la journée du «bon pied»;
- Et, surtout, **ne négligez pas votre sommeil**: il va sans dire qu'un bon **sommeil** promeut plus d'énergie, réduit votre appétit et les coups de fatigue et, en toute logique, les envies de sucré.

2ᴱ ÉTAPE: ON RÉINTRODUIT, OUF!

Jour 8 à 21 · 2 semaines

Mais pas n'importe comment! Vous venez de **déshabituer vos papilles au goût sucré**, vous avez fait le plus dur.

Durant cette deuxième phase, **évitez encore tous les sucres et produits raffinés, mais réintroduisez en douceur** certains aliments jusqu'à présent interdits, en commençant par les **goûts les moins sucrés** afin de ne pas retomber dans vos anciens travers si addictifs.

- **À partir du 8e jour:** les produits laitiers – uniquement si consommation par le passé, en veillant à ce qu'il n'y ait pas de sucres ajoutés (lactose, fructose, dextrose, etc.). Choisissez-les bio et nature, et consommez-les tels quels, sans sucre ajouté. Si vous n'en consommiez pas avant, ne changez rien!
- **À partir du 12e jour:** les tubercules au goût naturellement sucré (pommes de terre, patates douces, carottes et betteraves cuites), les courges et les châtaignes ainsi que leur farine. Privilégiez autant que possible les cuissons moins glycémiques.
- **À partir du 15e jour: les fruits à IG bas.** Les fruits sont des bonbons de la nature, qui ont été croisés depuis des décennies pour être encore plus sucrés et être davantage attractifs. Selon Miguel Ángel Lurueña, docteur en sciences et technologies alimentaires, une banane serait six fois plus sucrée qu'il y a cinquante ans!
  - Durant cette étape, ne dépassez pas un fruit par jour;
  - Choisissez un fruit de petite taille (le poids des pommes varie entre 60 et 200 g!) ou contrôlez votre portion;
  - De préférence, évitez de le consommer le matin afin d'éviter une petite hypoglycémie réactionnelle;
  - Privilégiez parmi les fruits à IG bas ceux qui sont les moins sucrés (voir page suivante).

UNE GLYCÉMIE QUI VARIE SELON LE TYPE DE CUISSON

Saviez-vous que le mode de cuisson change l'index glycémique des aliments ?
En effet, plus on les cuit, plus les sucres se libèrent et augmentent leur index glycémique.

Exemple avec la pomme de terre :

AVEC LA PEAU, À LA VAPEUR
IG 65

RISSOLÉE
IG 75

PELÉE BOUILLIE
IG 78

FRITES
IG 82

PURÉE EN FLOCONS
IG 83

CUITE AU FOUR
IG 95

FRUITS À IG BAS ET INTENSITÉ DU GOÛT SUCRÉ

FRUIT	IG MOYEN	TENEUR EN SUCRES POUR 100 G	INTENSITÉ DU GOÛT SUCRÉ
Citron	20	2	+
Myrtille	25	5	+
Framboise	25	4	+
Fraise	25	4	++
Cassis	25	10	+
Groseille	25	6	+
Mûre	25	9	+
Grenade	35	14	+
Fruits de la Passion	30	11	++
Pamplemousse	25	6	+
Poire	38	10	++
Pomme golden	38	10	++
Mandarine et clémentine	30	9	++
Orange	42	8	+++

DES FRAMBOISES POUR ÉVITER LES PICS DE GLYCÉMIE

Les framboises ont plus d'un tour dans leur sac. En plus d'être faibles en glucides et d'avoir un IG bas :

- Elles sont très riches en fibres (une demi-tasse apporte 4 g de fibres) ;
- Elles sont une excellente source de vitamine C ;
- Elles sont riches en antioxydants ;
- Et, cerise sur le gâteau, elles permettraient de diminuer les pics de glycémie après les repas. C'est entre autres grâce à leurs antioxydants (anthocyanes, ellagitannins) ainsi qu'aux fibres qu'elles contiennent que leur introduction dans le repas abaisserait la glycémie postprandiale[28].

28. Xiao D., Zhu L., Edirisinghe I., Fareed J., Brailovsky Y., Burton-Freeman B., Attenuation of postmeal metabolic indices with red raspberries in individuals at risk for diabetes: A randomized controlled trial, 2019 Apr;27(4):542-550. doi: 10.1002/oby.22406. Epub 2019 Feb 14. PMID: 30767409.

- **À partir du 18e jour:** réintroduisez les **autres fruits**, à IG plus élevé, ainsi que les **compotes.**
- **À partir du 20e jour:** vous pouvez réintroduire en douceur et de manière limitée **ces autres aliments jusqu'alors interdits** :
  - Les kombuchas et les kéfirs ;
  - Les superaliments sucrés, comme la maca, la caroube, l'acérola, le camu-camu ;
  - Les tablettes de chocolat minimum 70 % de cacao ;
  - Les alcools avec une teneur en sucres inférieure à 2 g.

Tous les autres aliments non cités ne sont toujours pas admis :

- Les sucres blancs et raffinés ;
- Les sucres dits « sains » : sucre de coco, sirop d'agave, miel, etc. ;
- Les féculents à base de farine blanche : pain blanc, pâtes blanches, semoule, biscottes, crackers, etc. ;
- Les glucides les plus glycémiques et/ou transformés : riz blanc, pâtes blanches, galettes de maïs, tartines soufflées sans gluten, etc. ;
- Les boissons sucrées ou édulcorées : thé glacé, limonade, sodas, etc. ;
- Les alcools avec une teneur en sucres supérieure à 2 g ;
- Les bières sans alcool, qui sont très sucrées à cause d'une fermentation stoppée.

CONSEILS SUPPLÉMENTAIRES

- **Soyez dans le contrôle :** en plus de vos autres familles d'aliment, l'idéal étant de ne pas dépasser **deux sources de glucides + un fruit par jour durant cette période**.

Par exemple :

Un smoothie maison comprenant un fruit le matin
+ un ou deux carrés de chocolat à 84 % de cacao au goûter
+ des patates douces au dîner

OU

Une tranche de pain complet bio au levain le matin + une compote à midi + une salade de betterave rouge au dîner

OU

Une portion de porridge le matin + boisson végétale d'avoine au goûter + du quinoa au dîner

- **La qualité avant tout!** Misez sur les plats maison pour vous assurer de l'absence de sucres simples et/ou raffinés.
- En cas de pulsion de sucré, vous pouvez opter pour deux carrés de **chocolat noir** sucré avec des superaliments, du xylitol ou du sucre de coco. Lisez bien les étiquettes pour ne sélectionner que les marques qui contiennent ces ingrédients !
- Les **boissons sucrées** et toutes les formes de **sucre raffiné** sont toujours interdits, car ces derniers n'ont aucun intérêt pour votre organisme. Vous ne pourrez les consommer qu'à la phase 3.

3^E ÉTAPE: LE RETOUR À LA CIVILISATION AVEC LA FIN DES INTERDICTIONS

Jour 22 à 42 · 3 semaines

Gardez le contrôle de votre assiette!

Cette étape est la plus cruciale, car elle consiste à vous replonger dans un **quotidien sans interdits** tout en apprenant à vous contrôler. C'est d'ailleurs pour cette raison que cette étape dure plus longtemps (**trois semaines**). Elle vous permettra de **tester votre résistance au sucre**, de débuter la **fin du sevrage** et de vous maintenir à **quelques règles de contrôle**. Dans la vie, vous côtoierez toujours le sucre, la tentation sera partout; il vous faudra donc bien apprendre à gérer vos pulsions.

Cette fois-ci, vous pouvez réintroduire les **sucres simples** sous la forme désirée: gâteaux, biscuits et, bien sûr, sucres.

MAIS L'IDÉE N'EST PAS DE FAIRE N'IMPORTE QUOI

- **Tant sur la qualité… :** privilégiez autant que possible les **sucrants dits «sains»**. Ils sont les plus naturels et ne constituent pas des calories vides : sucre de coco, sirop d'érable, sirop de yacón, miel, etc. Limitez le plus possible les sources raffinées ou transformées. Préparez-vous des gâteaux maison pour ne pas succomber aux produits industriels, ou choisissez des marques qualitatives, plus proches du fait maison.
- **… que sur la quantité :** l'objectif est d'apprendre à **ne pas dépasser trois prises sucrées par semaine**. C'est simple : ayez à l'esprit que vous avez **trois repas jokers,** que vous pouvez utiliser du lundi au dimanche. À partir du moment où vous mettez de la conscience dans la quantité de vos apports sucrés, vous serez plus alerte et donc plus à même de garder le contrôle. Par exemple :
  - Mardi matin: 1 viennoiserie avec les collègues;
  - Jeudi soir: 1 cocktail en afterwork;
  - Samedi soir: du gâteau healthy fait maison.

NE COMPENSEZ PAS AVEC DAVANTAGE DE GLUCIDES!

Cette troisième étape où le contrôle est encore de rigueur n'est pas une raison pour vous jeter sur les autres familles de glucides. Ce n'est pas parce que vous devez encore contrôler votre apport en aliments sucrés que vous pouvez manger sans vergogne du pain complet, du riz brun ou des soupes de courge butternut!

Si vous avez encore faim, ajoutez d'abord:

- **Des fibres dans votre repas:**
  - Des légumes et des crudités;
  - Un potage de légumes en entrée;
  - Un petit smoothie avec votre petit déjeuner;
  - Une crème dessert maison à base de psyllium.

- **Des protéines**, un très bon coupe-faim naturel. Si possible :
  - Optez systématiquement pour des produits bio ;
  - Pour les viandes et la volaille, cherchez des produits issus d'animaux nourris à l'herbe ou aux graines de lin ;
  - Pour les produits issus de la pêche, préférez les petits poissons gras (sardines, harengs, maquereaux) aux gros poissons prédateurs (thon, saumon, etc.) ;
  - Attention, les céréales, les pseudocéréales et les légumineuses étant riches en glucides, n'augmentez pas trop leur quantité, mais plutôt les aliments qui les accompagnent, comme les légumes. Des produits au soja (tofu, tempeh) ainsi que des poudres de protéines végétales ou du collagène en poudre peuvent également vous aider à combler vos apports.

Sachez que les envies sucrées sont très souvent liées à un manque d'apport protéiné.

FIN DU SEVRAGE : ET APRÈS ?

Vous avez tenu, bravo, vous pouvez vous féliciter ! Après ces six semaines de cure, vos pulsions devraient s'être calmées. Vous pourriez même, après ingestion, vous sentir écœuré·e du goût trop sucré dont vous raffoliez pourtant auparavant, car vos papilles auront changé.

ET SI VOUS VOUS METTIEZ AU COLLAGÈNE MARIN ?

Le sucre provoque de l'acné, on le sait. Mais saviez-vous qu'il avait tendance à se fixer sur les fibres de **collagène** et d'**élastine**, et à les détruire ? On parle alors du phénomène de **glycation**, au cours duquel nos cellules et tissus se « caramélisent » et deviennent rigides. On comprend mieux pourquoi la meilleure crème anti-rides n'est pas une crème, mais ce que l'on met dans son assiette !

Si votre objectif est de favoriser la fermeté et l'élasticité de votre visage, commencez par réduire votre consommation de sucre, et envisagez une **supplémentation en collagène**. Les suppléments de collagène peuvent en effet aider à augmenter l'élasticité et l'hydratation cutanées, favorisent la cicatrisation des plaies et aident à ralentir le vieillissement de la peau à court terme[29, 30].

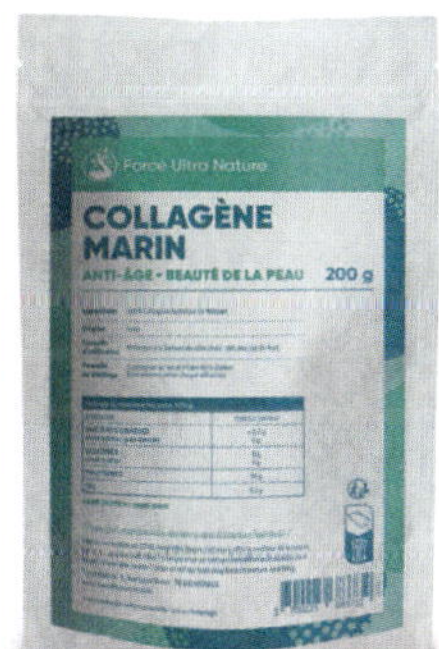

Le Collagène marin **Force Ultra Nature** est 100 % naturel et n'a pas du tout d'odeur ou de goût de poisson. Il se dissout parfaitement dans un liquide.

29. Figueres Juher T., Basés Pérez E., "Revisión de los efectos beneficiosos de la ingesta de colágeno hidrolizado sobre la salud osteoarticular y el envejecimiento dérmico [An overview of the beneficial effects of hydrolysed collagen intake on joint and bone health and on skin ageing]", *Nutr Hosp*, 2015 Jul 18 ; 32 Suppl 1:62-6. Spanish. doi: 10.3305/nh.2015.32.sup1.9482. PMID: 26267777.
30. Barati M., Jabbari M., Navekar R., Farahmand F., Zeinalian R., Salehi-Sahlabadi A., Abbaszadeh N., Mokari-Yamchi A., Davoodi S. H., "Collagen supplementation for skin health: A mechanistic systematic review", *J Cosmet Dermatol*, 2020 Nov ; 19(11):2820-2829. doi: 10.1111/jocd.13435. Epub 2020 May 21 PMID: 32436266.

En cas d'envie subite de sucré:

- Familiarisez-vous avec des **snacks sains** et ayez-en toujours à disposition (retrouvez ma fiche anti-craquage page 105) ;
- Utilisez des **petites touches faussement sucrantes** dans vos préparations, comme la cannelle, le zeste de citron ou d'orange, la fleur d'oranger ou la vanille ;
- Mâchez une **fève de tonka** ou une **fève de cacao** et prenez le temps de savourer leurs arômes ;
- Humez quelques instants et par de longues aspirations de l'**essence de vanille**;
- Préparez-vous une **tisane de fenouil** ou un **thé genmaïcha**;
- Brossez-vous les **dents**: effet coupe-faim garanti ;
- Buvez un **grand verre d'eau** afin de remplir votre estomac;
- Allez **marcher une demi-heure** ; l'air frais coupera vos pulsions.

Et si vous sentez que votre «addiction» est toujours là, rien ne vous empêche de:

- **Recommencer le sevrage !** Il faut entre trois et dix semaines pour modifier une habitude sur le plan psychologique, idem sur le plan physique. Vous faites peut-être partie des personnes qui ont besoin de plus de temps ;
- **Mettre les bouchées doubles dès le départ :** si vous avez déjà expérimenté des méthodes de sevrage qui n'ont pas fonctionné à long terme, passez directement à un sevrage de dix semaines, le temps que votre organisme prenne de nouvelles habitudes.

Le principe:

- Deux semaines de sevrage (1re étape) ;
- Quatre semaines de réintroduction (2e étape) ;
- Quatre semaines de maintien + réintroduction de certains sucres simples (3e étape).

Enfin, n'oubliez pas de suivre les **conseils plus individualisés** qui arrivent juste après !

ON FAIT COMMENT QUAND ON A UNE FAMILLE ?

Dans ce cas, la tentation est encore plus grande et il est compliqué de dire à son conjoint·e ou à ses enfants d'arrêter les gâteaux et sucreries.

Quelques conseils pour tenir plus facilement:

- **Créez-vous votre «espace vital»**, c'est-à-dire une zone dans vos placards qui n'est faite que pour vous, loin des sucreries et biscuits. Vous éviterez ainsi de mélanger vos produits avec ceux du reste de la famille, qui ne sont pas forcément sains, et de vous retrouver face à ces derniers à chaque fois que vous ouvrez vos étagères ;
- **Ayez toujours des snacks sains à disposition** pour que, dès que votre famille mange un snack sucré, vous puissiez résister à la tentation en mangeant un en-cas plus sain, tout en partageant ce moment convivial avec votre conjoint·e et vos enfants ;
- **Misez sur le fait maison et impliquez les enfants:** le week-end, n'hésitez pas à cuisiner des gâteaux avec des sucrants sains ou à vous préparer des smoothies maison. Votre famille appréciera quoi qu'il arrive, car rien ne vaut le fait maison ! S'il vous reste des parts de gâteau, congelez-les, vous n'aurez plus qu'à décongeler une tranche lorsqu'une pulsion de sucre se fera sentir dans les jours qui suivent ;
- **N'hésitez pas à créer une liste de mini-défis à réaliser en famille** : par exemple, une semaine sans ketchup, une semaine sans soda, sans confiture, sans pâtes blanches, etc.

1. Après votre détox, installez le plus possible ces lignes de conduite afin de faire perdurer vos efforts.

À éviter au maximum:

- Les **féculents raffinés**, en tête de ligne (pâtes blanches, riz blanc, pain blanc, etc.) ;
- Les **boissons sucrées ou édulcorées** : il est important que vos papilles restent habituées à un goût sucré moins intense ;
- Les **confiseries**, y compris les confiseries et les pastilles à sucer sans sucres et les chewing-gums ;
- Les **produits laitiers sucrés**: crèmes dessert, yaourts aromatisés, y compris les yaourts protéinés, les yaourts 0 %, mais aussi les crèmes glacées trop souvent riches en sucres ou en édulcorants artificiels. On ne veut que du nature !

- Les **sucrants dans vos boissons** (café, thé, tisane) ;
- Les **produits industriels** qui contiennent plus de 15 % de sucre pour 100 g ;
- Les **petits déjeuners très sucrés** : pain blanc, confiture, céréales de petit déjeuner, jus d'orange... Tout le monde est conscient que ces produits ne sont pas sains, mais saviez-vous que votre muesli, vos céréales soufflées minceur, votre lait écrémé, vos galettes de riz soufflé, vos biscottes ou même votre assiette de fruits sont très glycémiants et font grimper votre taux d'insuline ? Ils provoqueront chez vous cette fameuse hypoglycémie réactionnelle et donc ce coup de fatigue du milieu de matinée, gâchant vos efforts pour ne pas grignoter entre les repas ;
- Les **produits alimentaires avec du sucre ajouté** : compotes, fruits au sirop, ketchup, vinaigrettes, steaks végétaux, etc.

À LIMITER

- **Les desserts sucrés:** essayez si possible de ne pas en manger plus de deux ou trois par semaine, pour le plaisir ou le partage social. Gardez à l'esprit cette idée de repas jokers introduits à la 3e étape.
- **L'alcool:** pas plus de quatre verres par semaine, en privilégiant les versions les moins caloriques et glucidiques. Évitez les bières brunes ou fortes, préférez le vin rouge au vin blanc, attention au cidre ainsi qu'aux cocktails.

SAVIEZ-VOUS QUE LE SUCRE EST PARTOUT, Y COMPRIS DANS VOS PRODUITS SALÉS ?

Le sucre a de nombreux atouts dans l'industrie agroalimentaire, car il **corrige l'acidité** et constitue un **très bon conservateur**. On le retrouve donc dans la majorité de ces produits :

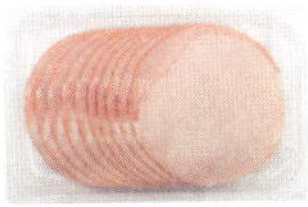

LE JAMBON EN SACHET

LES MERGUEZ

LES SOUPES AUX LÉGUMES DE SUPERMARCHÉ

LES SALADES DE CAROTTES RÂPÉES

LES VINAIGRETTES TOUTES PRÊTES

LES POÊLÉES CONGELÉES DE LÉGUMES

LES SURIMIS

LES CORDONS-BLEUS

LES BIÈRES

LE COLESLAW

LA CHARCUTERIE

LES STEAKS DE SOJA

LES LÉGUMES EN CONSERVE

LE RIZ À SUSHI

LA SAUCE TOMATE

LES PETITS POTS SALÉS POUR BÉBÉS

LE PAIN DE MIE

CERTAINS FRUITS SECS, SURTOUT LES RAISINS, LES CRANBERRIES ET LES ABRICOTS

À FAVORISER DANS VOS ENVIES SUCRÉES

- Les **fruits, surtout ceux à IG bas.** Pourquoi ne pas garder les fruits à IG élevé pour les jours où vous pratiquez du sport ?
- Les **puddings de chia** faits maison ;
- Les **purées de fruits**, à ne pas confondre avec les compotes, qui, selon la législation, sont un mélange de fruits et de sucre ;
- Les **fruits secs**, en petite quantité et toujours accompagnés de quelques oléagineux (attention, les fruits secs n'ont pas tous le même IG : les abricots secs ont un IG inférieur à 40, alors que les dattes ont un IG proche de 100 !) ;
- Le **chocolat noir** à plus de 85 % de cacao.

ATTENTION AUX FRUITS SECS !

Les fruits secs ont une particularité : leur teneur en eau diminue de 80 à 20 % durant l'étape de séchage. Inversement, leur teneur en vitamines et minéraux est nettement augmentée. Ce sont donc de vrais aliments énergétiques et nutritionnels, faciles à transporter, alcalinisants et délicieux, mais aussi très riches en sucres. Raison pour laquelle il est important que vous soyez très vigilant·e dans votre consommation de fruits secs.

Favorisez les abricots secs, les cranberries, les pruneaux et les baies de goji à l'IG inférieur à 45 et, à l'inverse, limitez les dattes, les raisins secs et les figues sèches, dont l'IG dépasse 60. Gardez ces dernières pour vos **journées sportives**, en **contrôlant les quantités**.

	TENEUR MOYENNE EN CALORIES POUR 100 G	GLUCIDES (EN G)	DONT SUCRES (EN G)	FIBRES (EN G)
Cranberrie	340	81	62	5
Mangue séchée	290	62	60	8
Datte séchée	280	64	59	4
Raisin sec	299	79	59	4
Pomme séchée	312	64	58	13
Abricot sec	240	63	53	7
Figue séchée	250	64	48	10
Mûre blanche séchée	260	49	40	8
Pruneau	250	52	38	8
Banane séchée	325	70	38	8

POUR VOTRE PRATIQUE SPORTIVE, ADAPTEZ-LES ÉGALEMENT SELON VOTRE TYPE D'ENTRAÎNEMENT:

- Certains sont plus riches en **fructose** (raisins secs, pomme séchée), et ainsi préférables pour les **sports d'endurance** qui nécessitent de bonnes réserves de glycogène ;
- D'autres sont plus riches en **glucose** (dattes, pruneaux), et donc idéaux pour les **sports intenses** où une bonne sécrétion d'insuline permet de stimuler la croissance musculaire.

DE MANIÈRE GÉNÉRALE, RETENEZ QUE:

- **Avant l'effort**, il est préférable de consommer des fruits secs faiblement ou moyennement glycémiques, afin de diminuer le risque d'hypoglycémie durant la pratique sportive : abricots secs, cranberries, pruneaux ;
- **Pendant l'effort**, optez pour la datte ou le raisin sec, pauvres en fibres et glycémiques. Vous pouvez les mixer avec de la boisson végétale pour une version plus facile à consommer et assimilée plus rapidement ;
- **Après l'effort**, les fruits secs à IG modéré tels que les abricots secs et les mûres blanches seront parfaits pour vous aider à reconstruire vos réserves en glycogène.

LE CONSEIL DE LUCILE
J'aime beaucoup le large choix de fruits séchés disponibles sur le site de **Force Ultra Nature**. Mes préférés ? Les mûres blanches. Mixez-les et vous obtiendrez un sucrant naturel !

QUIZ : SUCRE, OÙ ES-TU ?

Il existe une soixantaine de termes pour désigner un sucre. Saurez-vous les retrouver parmi tous ces noms ? Cochez chaque nom qui renvoie à un sucre.

- ☐ Malt
- ☐ Caséine de lait
- ☐ Nectar
- ☐ Carbonate d'ammonium
- ☐ Lactose
- ☐ Farine de malt de blé
- ☐ Démérara
- ☐ Tocophérol
- ☐ Tréhalose
- ☐ Gomme xanthane
- ☐ HFCS
- ☐ Fibre de maïs
- ☐ Gluten de blé
- ☐ Jus concentré
- ☐ Carraghénanes
- ☐ Malt
- ☐ Sucroesters d'acides gras
- ☐ Panela
- ☐ Niacine
- ☐ Sirop d'épeautre
- ☐ Son de riz
- ☐ Rocou

2. Devenez votre propre détective anti-sucres en apprenant à lire les étiquettes!

L'étiquetage alimentaire est parfois un vrai parcours du combattant si on veut bien tout comprendre. Les termes utilisés peuvent souvent être incompréhensibles et ne nous permettent pas toujours de choisir le bon produit. Alors, lors de votre prochaine session shopping, suivez les règles suivantes pour y voir plus clair.

RÈGLE N° 1: ANALYSEZ LA COMPOSITION DES PRODUITS À PARTIR DE LA LISTE DE LEURS INGRÉDIENTS

- **Cherchez la place des sucres dans l'ordre d'écriture des ingrédients.** Plus le sucre est placé en début de liste, plus il est présent dans un produit en quantité importante.
- **Détectez toutes les mentions de sucres.** Attention, un sucre ne se nomme par forcément « sucre » !

Pensez à vous familiariser avec la **soixantaine de noms donnés au sucre** et à toujours lire les étiquettes des produits avant de les mettre dans votre Caddie.

Rendez-vous page 104 pour une liste exhaustive des différents noms de sucres!

EXEMPLE AVEC DES BISCUITS POURTANT ESTAMPILLÉS « MINCEUR » :

INGRÉDIENTS: Céréales complètes (BLÉ complet (31 %), AVOINE complète (5,5 %)), chocolat au LAIT (14 %) (sucre, beurre de cacao, LAIT entier en poudre, pâte de cacao, émulsifiants {lécithine de SOJA, E476}, arôme naturel de vanille), céréales croustillantes (11 %) (farine de BLÉ complet, farine de riz, sucre, farine d'ORGE maltée, farine de BLÉ malté, sel, huile de colza, stabilisant {carbonate de calcium}, émulsifiant {lécithine de SOJA}), oligofructose, sirop de glucose, fructose, sucre, morceaux de chocolat au LAIT (2,5 %) (sucre, pâte de cacao, beurre de cacao, LAIT entier en poudre, LAIT écrémé en poudre, émulsifiant {lécithine de SOJA}, arôme naturel), humectants (sorbitol, glycérol), huile de palme, extrait de malt d'ORGE, dextrose, sel, antioxydant (extrait riche en tocophérols), arôme naturel, émulsifiant (lécithine de SOJA), niacine, fer, vitamine B6, riboflavine, thiamine, acide folique, vitamine D, vitamine B12.

COMMENT DÉTECTER LES SUCRES PLUS FACILEMENT ?

Voici quelques moyens mnémotechniques:

- Avec le suffixe « ose » : lactose, dextrose, fructose, etc.
- Avec le suffixe « ol » : lactitol, maltitol, mannitol, etc.
- Avec « malt » : extrait de malt, maltose, maltodextrine, malt d'orge, etc.
- Avec « dext » : dextrose, maltodextrine, dextrane, etc.
- Avec fécule » : fécule de maïs, fécule de manioc, etc.
- Avec « amidon » : amidon de maïs, amidon de riz, amidon transformé, etc.
- Avec « sirop » : sirop de blé, sirop de datte, sirop de sucre inverti, etc.

RÈGLE N° 2: PARCOUREZ SYSTÉMATIQUEMENT LES VALEURS NUTRITIONNELLES

Repérez la mention «**dont sucres**». Cette mention désigne les six formes de sucres simples uniquement: glucose, galactose, fructose, saccharose, lactose, maltose.

Par exemple, si le produit contient 20 g de glucides totaux et que la mention «dont sucres» indique 10 g, cela signifie que ce produit renferme 10 g de sucres simples.

Ci-contre, l'étiquette mentionne 12 g de glucides pour une portion de 20 g, dont 5 g de sucres simples.

	VALEURS NUTRITIONNELLES POUR 20 G
Valeur énergétique	78 kcal/328 kJ
Vitamine B6	0 g
Sel	0,12 g
Matières grasses	1,9 g
Glucides	12 g
Dont sucres	5 g
Fibres alimentaires	2,8 g
Vitamine B3	0,003 g
Protéines	1,4 g
Acides gras saturés	1 g

L'ASTUCE EN PLUS : CONVERTISSEZ EN CUILLERÉE À CAFÉ !

Cette méthode est un fabuleux moyen de se rendre compte de la quantité de sucre que l'on ingère en mangeant un produit alimentaire.

1 c. à café de sucre équivaut à 5 g environ.

Dans ce tableau nutritionnel ci-dessus, il est indiqué « 5 g de sucre ». Pour chaque portion ingérée, vous consommerez donc 1 c. à café de sucres simples.

Cet exercice est très intéressant et vous serez surpris·e de la teneur en sucres simples de certains aliments. Par exemple, un verre de jus d'orange pur contient environ 25 g de glucides, soit 5 c. à café de sucre !

POINT D'ATTENTION N° 1

Cette indication ne précise pas s'il s'agit de sucres simples naturellement présents dans un produit, comme ceux des fruits, ou bien de sucre ajouté, comme le saccharose (sucre de table).

D'où l'importance de la règle n° 1.

La liste des ingrédients est en effet le meilleur indicateur pour vous aiguiller: si aucun terme ne renvoie au sucre (du type amidon, malt, sirop, par exemple), ces sucres sont naturellement présents dans l'aliment.

POINT D'ATTENTION N° 2

Pensez systématiquement à convertir avec la quantité ingérée. On ne mange pas forcément 100 g d'un produit: on peut en manger moins, mais surtout plus!

Le barème suivant devrait vous aider au quotidien:

- Plus de 15 g de sucres pour 100 g: à consommer exceptionnellement, le produit est trop sucré;
- Entre 5 et 10 g de sucres pour 100 g: pas plus de trois fois par semaine, dans vos repas jokers;
- Moins de 5 g de sucres pour 100 g: c'est OK, mais toujours avec modération, bien sûr!

RÈGLE N° 3: MÉFIEZ-VOUS DES MENTIONS ET AUTRES ALLÉGATIONS

Ces mentions sont trop souvent trompeuses et vous incitent à ne pas vérifier les ingrédients. Familiarisez-vous avec ces termes:

SANS SUCRE AJOUTÉ

Il n'y a pas d'ajout de saccharose (sucre de table) dans le produit, mais ce dernier peut renfermer d'autres sucres simples (fructose, lactose, maltose).

SANS SUCRES AJOUTÉS

Il n'y a pas d'ajout de sucres autres que ceux naturellement présents dans l'aliment (le sucre des fruits ou des produits laitiers, etc.). C'est le cas des compotes sans sucres ajoutés, par exemple. Le produit est donc plus ou moins sucré, mais avec son propre sucre naturel.

SANS SUCRE

Le produit ne contient pas LE sucre, c'est-à-dire le sucre de table (saccharose, issu de la betterave ou de la canne à sucre). On peut toutefois y trouver du fructose, par exemple, du lactose, du maltose, ou même des édulcorants.

SANS SUCRES

Le produit ne contient pas de sucres simples (ni glucose, ni fructose, lactose, saccharose, etc.), mais une teneur en sucres naturellement présents, voire en édulcorants est possible! Attention: il existe une certaine tolérance et la mention «sans sucres» ne veut pas dire que le produit ne renferme pas de sucre du tout. Il peut y avoir jusqu'à 0,5 g de sucres totaux pour 100 g ou 100 ml.

À FAIBLE TENEUR EN SUCRES

À individualiser en fonction du produit:

1. Le produit ne contient pas plus de 5 g de sucres pour 100 g d'aliment solide;

2. Le produit ne renferme pas plus de 2,5 g de sucres pour 100 ml d'aliment liquide.

ALLÉGÉ EN SUCRES

Le produit contient au moins 30 % de sucres en moins par rapport à un produit standard de la marque. Attention: allégé ne signifie pas forcément «à faible teneur en sucre», ni «moins de calories». Et si c'est un produit très glucidique et calorique qui sert de valeur de référence, cela n'a plus beaucoup de sens non plus…

Soyons donc très vigilant·es face à ces mentions qui restent relativement **floues** et dont la signification est **nuancée** d'une marque à l'autre. Elles nous incitent par ailleurs à nous **déresponsabiliser** en faisant aveuglément confiance à un intitulé sur le packaging. **Rien ne remplacera vos yeux et votre cerveau pour déterminer la qualité d'un aliment!**

NE PAS CONFONDRE «SUCRE» ET «SUCRES»!

- Le terme « sucre » au singulier renvoie au saccharose ; le sucre de table extrait de la betterave ou de la canne à sucre au sucre blanc en poudre, au sucre glace, au sucre roux, à la cassonade, etc.
- Le terme « sucres » au pluriel correspond à tous les glucides simples : fructose, glucose, galactose, saccharose, maltose, lactose.

Finalement, le « sucre » fait partie des « sucres » !

RÈGLE N°4: FAITES LE MÉNAGE DANS VOS PLACARDS

Votre cuisine est un **temple sacré** qui doit refléter vos convictions intérieures!

Après une détox de sucre, c'est le bon moment de faire le tri dans vos étagères, de supprimer certains aliments et de les remplacer par des versions plus saines. Mais connaissez-vous ces sucrants plus sains?

LES SUCRES

Les sucres à mettre à la poubelle:

- Les **sucres blancs et/ou raffinés (betterave, canne),** de véritables calories vides, acidifiantes, déminéralisantes, inutiles au fonctionnement de l'organisme. En clair? Nous sommes sur-nourries (de sucres mais aussi de calories en général) et en même temps carencé·es (de vitamines ou de minéraux, par exemple). Un comble, non?
- Le **sirop de céréales** (riz, glucose, blé): ils font partie des sucrants les plus «craqués», c'est-à-dire transformés. Ce sont également les plus glycémiques avec un IG proche de 100.
- Le **sirop de dattes**: ne vous fiez pas à l'image naturelle et saine des dattes, car derrière ce sirop se cache une bombe glycémique dont l'IG dépasse lui aussi les 100.

LE SAVIEZ-VOUS?

Le sucre de betterave n'est pas raffiné au sens où on l'entend. En effet, il n'a pas subi de processus de raffinage, car sa racine est naturellement blanche, contrairement au sucre de canne dont la tige contient des pigments qui lui donnent sa couleur.

Son sucre sort blanc dès la première cristallisation, alors que, dans le cas de la canne à sucre, le sucre doit être acheminé dans une raffinerie où il subira différentes étapes de transformation.

Pour autant, si ce n'est d'un point de vue écologique, le sucre de betterave n'est pas mieux que le sucre de canne: le sucre reste du sucre. Ce sont les mêmes molécules, avec le même impact sur votre glycémie, sur votre foie et sur votre pancréas.

QUELQUES CONSEILS POUR NE PAS FAIRE DE VOTRE PROGÉNITURE UN FUTUR SUGAR ADDICT

- Chez bébé, démarrez la **diversification alimentaire** par les légumes et non les fruits.
- Offrez-lui un maximum d'**aliments variés** entre ses 5 et 18 mois, pour lui faire accepter le plus d'ingrédients possible.
- Habituez-le à une **alimentation naturelle** dès son plus jeune âge.
- Habituez-le dès que possible à des **snacks et gâteaux maison**.
- Ne donnez jamais à votre enfant de produits sucrés en guise de **récompense**.
- Inversement, **ne le menacez jamais de le priver de dessert** : la nourriture n'est ni une punition ni une récompense.
- **N'ajoutez pas de sucre dans sa nourriture**, celui des fruits suffit.
- Ne lui donnez **jamais deux desserts** sous prétexte de l'aider à tenir jusqu'au prochain repas.
- En cas de **fringales**, optez pour le plus simple possible, comme des fruits, du pain de qualité et de la purée d'oléagineux ou du beurre.
- **Cuisinez avec lui**, pour le guider dans des choix sains et lui donner envie de manger comme vous.
- Préparez un **batch cooking** (préparation à l'avance) de gâteaux et de barres de céréales maison : coupez-les en tranches avant de les congeler pour avoir toujours de quoi répondre à ses envies de goûter.
- Ne lui interdisez pas de **manger «comme les copains»** ailleurs qu'à la maison ou lors des jours de fête : ce serait le meilleur moyen de le rendre accro dans le futur, car, on le sait, nos petits êtres humains ont la fâcheuse manie d'aimer dépasser les limites !
- Avec des mots simples, **expliquez-lui** ce que vous avez appris dans ce guide : comment lire les étiquettes, les méfaits du sucre, etc. Cela peut même devenir un jeu au supermarché, quand vous choisissez les aliments avec lui.
- **Capitalisez tout sur le petit déjeuner** : évitez les versions industrielles et misez sur les aliments les plus simples et bruts possible (pain, beurre, laitages, flocons d'avoine, fruits et fruits secs).

Les sucres à privilégier:

LE CONSEIL DE LUCILE
Optez pour le Sucre de Coco **Force Ultra Nature**. C'est la version de sucre sain la plus facile à utiliser pour la famille !

- Le **sucre de coco (IG situé autour de 50)**: par rapport au sucre raffiné, le sucre de coco contient des antioxydants, des vitamines B, du potassium, du fer, du magnésium, des acides aminés ainsi que de l'inuline (fibres). Il n'est donc pas dépourvu de nutriments, même s'il sera toujours à consommer avec modération, car il est très glucidique et calorique.

- Le **sirop de yacón**: le yacón est une plante en forme de poire cultivée en Amérique du Sud. Le sirop est riche en inuline et en fructo-oligosaccharides, des fibres qui atteignent intactes le colon où elles sont métabolisées par les bactéries bénéfiques, servant ainsi de prébiotiques et de nourriture pour le microbiote. Son index glycémique est quasi nul (inférieur à 5), raison pour laquelle on le qualifie de sucrant IG bas, voire d'édulcorant. Il est riche en minéraux (potassium, magnésium, calcium et fer), et est reconnu pour faciliter l'assimilation du calcium. En raison de sa richesse en fibres, le sirop de yacón ne conviendra pas aux personnes dont les intestins sont très sensibles.

- Les **sucres complets (muscovado, rapadura)**: leur IG reste élevé (autour de 70), mais ils ne sont pas raffinés et ont conservé une teneur en potassium, en phosphore ou encore en magnésium. Ils s'utilisent à poids égal au sucre blanc dans les recettes.

- Le **miel cru**: le miel est une merveille de la nature riche en antioxydants, en vitamines B, en zinc et en potassium. Sachez que, plus il est solide, plus il est riche en glucose (par exemple, l'IG d'un miel de forêt frôle les 90), alors que, plus il est liquide, plus il est riche en fructose (l'IG miel de tilleul est de 50). Attention à ne pas le faire chauffer, car il perdrait toutes ses qualités nutritionnelles et générerait des substances toxiques, comme l'acrylamide. Une autre bonne raison de ne pas sucrer ses boissons chaudes!

LES ÉDULCORANTS

- Les **édulcorants intenses ou synthétiques**: figures emblématiques de la guerre anti-sucres et anti-gras menée dans les années 2000, les édulcorants artificiels possèdent un très fort pouvoir sucrant sans contenir ni sucre ni calories. Toutefois, de nombreuses études sont venues remettre en cause leur **impact sur la santé**. Elles ont aussi tendance à se contredire,

- rendant le sujet encore plus polémique. Bien que leurs effets affectent différemment l'organisme, les édulcorants artificiels semblent avoir autant de méfaits que le sucre raffiné :
  - Ils perturbent le microbiote[32] ;
  - Ils leurrent l'organisme, qui se prépare à recevoir du sucre ;
  - Ils peuvent avoir un impact sur la glycémie ;
  - Ils rendent encore plus accro au sucre ;
  - Ils augmentent le risque de développer du diabète[33, 34] ;
  - Certains sont cancérigènes, surtout lorsqu'ils sont chauffés[35].

  Et c'est sans compter sur l'« effet cocktail » et leur mélange pas toujours inoffensif. Ceci est d'autant plus problématique que nous retrouvons ces molécules dans de **nombreux produits de la vie quotidienne** : yaourts, sodas, crèmes, chewing-gums, boissons industrielles, bonbons à sucer, médicaments, sirops, etc. Nous en consommons parfois sans le savoir !

  Parmi les plus connus:

  - L'**acésulfame de potassium (E950, dit acésulfame-K)** dont le pouvoir sucrant est 150 fois supérieur à celui du sucre. Comme il a un arrière-goût amer, il est souvent combiné avec de l'aspartame. Selon un rapport anglais de 2005, il provoquerait un certain nombre d'effets secondaires (hypoglycémie, hausse du cholestérol, etc.) et serait cancérigène.
    → DJA (dose journalière admissible) : 9 mg
  - L'**aspartame (E951)** au pouvoir sucrant 200 fois supérieur au sucre. Il pourrait provoquer plus de 90 symptômes[36] (migraines, troubles intestinaux, intolérance au glucose, etc.). Pourtant, il est utilisé dans des milliers de produits alimentaires et des centaines de médicaments. Il est déconseillé chez les jeunes enfants et les femmes enceintes.
    → DJA (dose journalière admissible) : 40 mg
  - Le **cyclamate (E952)**, dérivé du benzène, au pouvoir sucrant 50 fois supérieur à celui du sucre. Il est aujourd'hui interdit aux États-Unis car suspecté d'être cancérigène. En France, son utilisation est limitée à certaines préparations industrielles.
    → DJA (dose journalière admissible) : 7 mg
  - La **saccharine (E954)** : le plus vieil édulcorant de synthèse, qui comptabilise également de nombreux effets secondaires : troubles de la régulation du glucose, perturbation du microbiote, allergies, etc.
    → DJA (dose journalière admissible) : 5 mg

32. Suez J., Korem T., Zeevi D., Zilberman-Schapira G., Thaiss C. A., Maza O., Israeli D., Zmora N., Gilad S., Weinberger A., Kuperman Y., Harmelin A., Kolodkin-Gal I., Shapiro H., Halpern Z., Segal E., Elinav E., "Artificial sweeteners induce glucose intolerance by altering the gut microbiota", *Nature*, 2014 Oct 9 ; 514(7521):181-6. doi: 10.1038/nature13793. Epub 2014 Sep 17. PMID: 25231862.
33. Johnston C. S., Ph.D., Kim C. M, M.S., Buller A. J., M.S, "Vinegar improves insulin sensitivity to a high-carbohydrate meal in subjects with insulin resistance or type 2 diabetes", *Diabetes Care*, 2004 Jan ; 27(1): 281-282.
34. Françoise Clavel Chapelon, *Les boissons « light » associées à une augmentation du risque de diabète de type 2*, Inserm, 07/02/2013.
35. Schiffman S. S., Rother K. I., "Sucralose, a synthetic organochlorine sweetener: overview of biological issues", *J Toxicol Environ Health B Crit Rev*, 2013 ; 16(7):399-451. doi: 10.1080/10937404.2013.842523. PMID: 24219506; PMCID: PMC3856475.
36. Corinne Gouget, *Additifs alimentaires danger, le guide indispensable pour ne plus vous empoisonner*, éditions Chariot d'Or, 2007.

– **Le sucralose (E955)** au pouvoir sucrant 600 fois plus élevé que le sucre blanc, mais sa consommation augmenterait les risques de troubles du système immunitaire, du microbiote et de la régulation de la glycémie[37]. Il serait en outre traité au chlore.
→ **DJA (dose journalière admissible) : 15 mg**

Face à ces controverses, des doutes persistent sur leur innocuité. Pour cette raison, ces édulcorants n'ont pas la place dans un mode de vie sain et sont à éviter le plus possible.

LE POUVOIR SUCRANT DES SUCRES ET ÉDULCORANTS

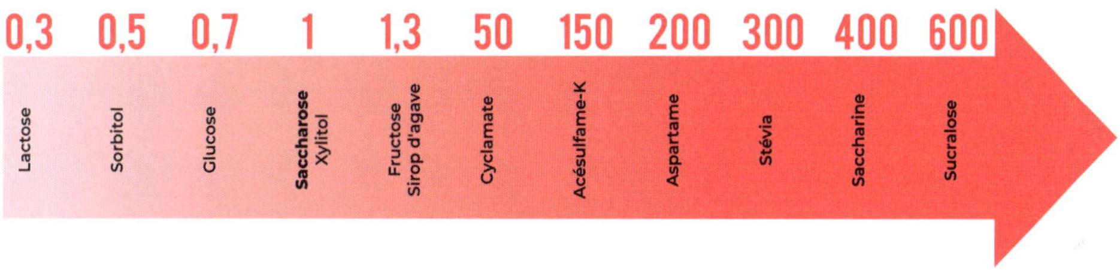

- **Et les édulcorants naturels?** Certaines alternatives intéressantes existent :
  – **La stevia:** elle bénéficie d'un haut pouvoir sucrant grâce à ses glycosides de steviol (dont le pouvoir sucrant est 300 fois supérieur au sucre), le tout pour zéro calorie. Elle ne déclenche pas de fermentation intestinale, elle est non cariogène (ne provoque pas de caries) et n'a pas d'impact sur la glycémie. Elle est également résistante à la chaleur et n'apporte pas de phénomène de glycation, qui accélère le vieillissement prématuré. Toutefois, ces bienfaits sont surtout valables pour la poudre verte naturelle. La poudre blanche a en effet été transformée ; ont été extraits de la plante ses glycosides de steviol. Même si le produit n'est pas raffiné au sens où on l'entend aujourd'hui, les glycosides de steviol sont aussi éloignés de la stevia que le saccharose l'est de la betterave.

37. Schiffman S. S., Rother K. I., "Sucralose, a synthetic organochlorine sweetener: overview of biological issues", *Journal of toxicology and environmental health. Part B, Critical reviews*, vol. 16,7, 2013 : 399-451. doi:10.1080/10937404.2013.842523

- **Xylitol:** ce polyol (alcool de sucre) est essentiellement obtenu à partir de l'écorce de bouleau. Certes, il est deux fois moins calorique que le sucre et possède un index glycémique très bas (7), mais son pouvoir sucrant est identique au sucre. En revanche, contrairement à ce dernier, il a un impact positif sur les dents ; c'est pourquoi on le retrouve souvent dans les chewing-gums et les dentifrices. Il est l'un des polyols les mieux tolérés sur le plan intestinal, il ne provoque pas d'élévation de la glycémie, et c'est une matière première durable.

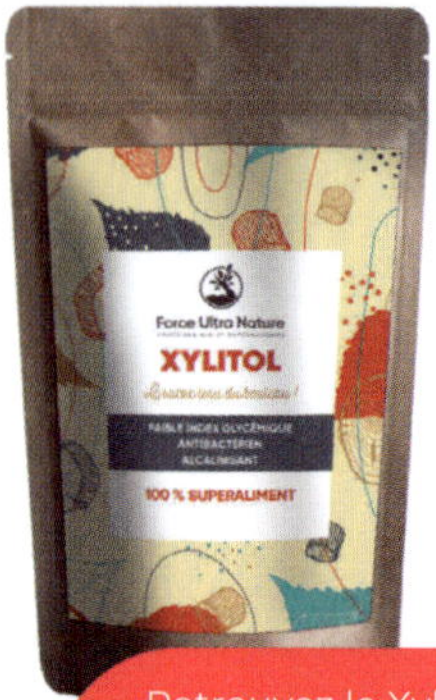

Retrouvez le Xylitol et d'autres alternatives sucrantes à IG bas sur le site de **Force Ultra Nature**.

- **Érythritol:** il s'agit d'un autre polyol issu cette fois de la fermentation de maïs ou de betterave essentiellement. Il possède un index glycémique de 0, est plutôt bien toléré sur le plan digestif, et n'a aucun d'impact sur la glycémie. Il est aussi très peu calorique (1 c. à café = 1 kcal) ; il est non déminéralisant et sans danger pour les dents. Son pouvoir sucrant est toutefois moins intense que celui du sucre.

ATTENTION !

Les deux derniers édulcorants mentionnés sont des polyols. La plupart des polyols ne sont pas absorbés dans l'intestin grêle et arrivent intacts dans le côlon, ce qui peut causer un effet laxatif. L'érythritol et le xylitol sont les mieux tolérés de ces polyols, mais ce n'est pas une raison pour en abuser.

CONCLUSION SUR LES ÉDULCORANTS

La famille des édulcorants est vaste, et il est important de bien faire le tri, car tous ne se valent pas et certains sont très problématiques pour la santé.

Les édulcorants dits naturels présentent le moins de risques. Toutefois, ils peuvent facilement être de mauvaise qualité et ils entretiennent le goût sucré.

Quoi qu'il arrive, gardez en tête votre objectif de limiter leur utilisation après votre sevrage.

LE SEVRAGE : MA FICHE RÉCAP

ÉTAPE 1: LE SEVRAGE – jours 1 à 7 (1 semaine)

LISTE DES ALIMENTS AUTORISÉS

VIANDES ET POISSONS
Agneau
Bœuf
Canard
Coquillages et crustacés
Crevettes
Hareng
Maquereau
Œufs
Porc
Poulet
Saint-Jacques
Sardine
Saumon
→ Tous sont autorisés

LÉGUMES À VOLONTÉ
Ail
Asperge
Aubergine
Brocoli
Carotte crue
Céleri
Champignons
Chou
Choux de Bruxelles
Chou-fleur
Chou kale
Concombre
Courgette
Épinard
Gingembre
Haricots verts
Oignon
Poireau
Poivron
Radis
Salade verte
Tomate
→ Tous les légumes sont autorisés, à l'exception de ceux de la colonne « à éviter »

SOJA
Edamame
Nattō
Sauce tamari
Sauce soja salée
Tempeh
Tofu fumé
Tofu lactofermenté
Tofu nature
Tofu soyeux

NOIX ET DÉRIVÉS
Amandes
Graines de Chanvre **Force Ultra Nature**
Graines de chia
Graines de courge
Graines de lin
Graines de sésame
Noix de macadamia
Noix de pécan
Noix du Brésil
Noix en cerneaux
Purée d'amandes complètes
Purée de cacahuètes nature et non grillées
Tahini

MATIÈRES GRASSES
Avocat
Ghee
Huile d'avocat
Huile de cameline
Huile de Chanvre **Force Ultra Nature**
Huile de Coco
Huile de colza
Huile de lin
Huile de noisette
Huile d'olive
Lait de coco

SUBSTITUTS LAITIERS
Boisson végétale amande nature
Boisson végétale chanvre nature
Boisson végétale coco nature
Boisson végétale soja nature
Yaourt d'amande nature
Yaourt de coco nature
Yaourt de soja nature

BOISSONS
Cacao non sucré
Café pur (avec modération, surtout pour le profil « stress ») Eau
Eau gazeuse (sauf si problèmes intestinaux)
Matcha
Rooibos
Tisanes
Thés purs

EN CAS D'ENVIE SUBITE
Fèves de Cacao **Force Ultra Nature**
Flakes de coco nature
Golden latte
Rondelles de citron (en dernier recours seulement)
Tablette de chocolat à 100 % de cacao
Thé genmaïcha
Tisane à la menthe
Tisane de fenouil

SUPPLÉMENTS ET AUTRES
Collagène Marin **Force Ultra Nature**
Protéine de Chanvre **Force Ultra Nature**
Protéine de Riz ou de Pois **Force Ultra Nature**
Suppléments sans édulcorants et sans sucres

SUPERALIMENTS
Baies d'açaï **Force Ultra Nature**
Cacao en poudre **Force Ultra Nature**
Chlorelle
Jus d'herbe d'Orge **Force Ultra Nature**
Klamath
Spiruline en paillettes **Force Ultra**

LE CONSEIL DE LUCILE
Consommé en boisson, le jus d'herbe d'Orge permet de reminéraliser l'organisme, d'augmenter la satiété et aide à maintenir une glycémie stable. Il est donc un super allié de votre perte de poids.

ÉTAPE 1: LE SEVRAGE – jours 1 à 7 (1 semaine)

LISTE DES ALIMENTS À ÉVITER POUR UN RÉSULTAT GARANTI

Ne pas manger ces aliments pendant une semaine

Ces aliments sont glycémiques, entretiennent le goût du sucré, et/ou sont souvent employés dans des recettes qui impliquent l'utilisation de sucres

LÉGUMES ET GLUCIDES AU GOÛT SUCRÉ

Ils entretiennent votre appétence au sucre:

Betterave rouge cuite
Carotte cuite
Châtaigne
Citrouille
Courge
Maïs
Panais
Patate douce
Petits pois
Pomme de terre
Potiron
Rutabaga
Topinambour

FRUITS

Tous les fruits, et en particulier les plus sucrés:

Banane
Cerise
Figue
Kaki
Raisin
Tous les fruits secs

PRODUITS LAITIERS ET SUBSTITUTS

Boisson végétale à la châtaigne
Boisson végétale à la noisette
Boisson végétale à l'avoine
Boisson végétale à l'épeautre
Boisson végétale au millet
Boisson végétale au riz
Cottage cheese
Crème
Yaourts (tous types)
Crèmes dessert
Crème glacée
Fromages frais
Lait de vache
Yaourt d'avoine
Yaourt de riz

SAUCES

Mayonnaise
Moutarde douce
Ketchup
Sauce soja sucrée
Vinaigre balsamique
Vinaigre de riz
Vinaigrettes toutes faites

FÉCULENTS

Féculents les plus glycémiques et/ou transformés, et/ou raffinés:

Bagels
Bonbons
Céréales, muesli et granola
Cookies
Crackers
Crêpes
Croissants
Cupcakes
Farine de blé de T45 à T110
Farine de châtaigne
Farine de riz
Farine de riz complet
Farine de maïs
Farine de millet
Fécules (toutes)
Flocons d'avoine (sauf si recette salée)
Galettes de riz soufflées
Gâteaux, brownies, biscuits et autres
Maïs
Muffins
Pain de mie
Pain des fleurs
Pains (hors ceux cités dans la colonne « à limiter »)
Pancakes
Pâtes à tarte (tous types)
Pâtes blanches
Pâtisseries
Pita
Pizza
Pop-corn
Riz blanc et semi-complet
Semoule
Tortillas

SUPPLÉMENTS ET AUTRES

Chewing-gums
Comprimés à sucer
Comprimés effervescents
Gummies
Poudre de protéines végétales aromatisées
Poudre de protéines type whey
Poudres à diluer
Sirops
→ Tous ceux qui contiennent du sucre et des édulcorants

BOISSONS

Cafés agrémentés (café latte, cappuccino, etc.)
Gaspacho
Jus de fruits
Kéfir
Kombucha
Milk-shakes
Smoothies aux fruits
Sodas
Sodas light
Soupes industrielles
Thés glacés
Tous les alcools

SUCRANTS

Cassonade
Érythritol
Muscovado
Rapadura
Sirop d'agave
Sirop d'érable
Sirop de riz
Sirop de yacón
Sucre de coco
Sucre de table
Xylitol **Force Ultra Nature**
→ Attention, il existe 60 noms pour désigner le sucre !

SUPERALIMENTS

Acérola
Camu-camu
Caroube
Lucuma
Maca
Pollen

Fiche à découper !

<u>ÉTAPE 1: LE SEVRAGE</u> – jours 1 à 7 (1 semaine)

LISTE DES ALIMENTS À LIMITER
Deux portions par jour maximum

FÉCULENTS
Uniquement féculents à IG bas ou modéré, non transformés, non raffinés et au goût neutre, non sucré:
Amarante
Farine d'amande
Farine de blé T150
Farine de blé T170
Farine de coco
Farine de lentilles
Farine de lupin
Farine de noisette
Farine d'épeautre
Farine de petit épeautre
Farine de pois chiches
Farine de quinoa
Farine de sarrasin
Farine d'orge mondé
Haricots noirs
Haricots rouges
Lentilles vertes
Lentilles noires
Lentilles corail
Orge
Pain à l'épeautre
Pain au petit épeautre
Pain de seigle
Pain intégral
Pain noir
Pois chiches
Quinoa
Riz complet (toutes sortes)
Riz noir
Riz sauvage
Sarrasin
Sorgho
Teff
Son d'avoine

À QUOI RESSEMBLE UNE JOURNÉE DE L'ÉTAPE 1?

	EXEMPLE 1	EXEMPLE 2
PETIT DÉJEUNER	2 œufs brouillés avec ½ avocat Optionnel : 1 tranche de pain complet au levain Infusion	Yogourt bowl avec yaourt végétal, noix et graines Rooibos
DÉJEUNER	Petite salade de carottes râpées à l'huile de colza extravierge Ratatouille Blanc de poulet Option végé : tempeh	Petite salade de crudités à l'huile d'olive et au basilic Aubergines rôties Sardines à l'huile Option végé : pois chiches
SNACK	1 yaourt végétal 1 poignée de noix	1 pudding de chia maison au lait de coco
DÎNER	Gaspacho vert ou soupe de légumes (selon la saison) Wok de légumes Nouilles soba cuites al dente	Petite salade de tomates à l'huile de cameline, basilic et quelques morceaux de tofu lactofermenté au pesto Chou-fleur rôti à l'huile d'olive, au curcuma et au paprika Quinoa

PEUR DE CRAQUER ? RAPPELEZ-VOUS LES BÉNÉFICES À ATTENDRE APRÈS CETTE ÉTAPE 1:

- Perte de masse grasse ;
- Gain d'énergie ;
- Meilleur transit ;
- Une plus jolie peau ;
- Moins de ballonnements ;
- Et, bien sûr, l'immense fierté que vous éprouverez pour avoir tenu sept jours et fait du bien à votre corps !

ÉTAPE 2: RÉINTRODUCTION EN DOUCEUR ET CONTRÔLÉE – jours 8 à 21 (2 semaines)

LISTE DES ALIMENTS À RÉINTRODUIRE

Objectif : ne pas dépasser deux sources de glucides + un fruit par jour

À PARTIR DU 8E JOUR

PRODUITS LAITIERS ET SUBSTITUTS

Cottage cheese nature
Crème
Crème glacée
Fromages frais
Lait de vache
Yaourts nature

À PARTIR DU 12E JOUR

LÉGUMES ET GLUCIDES AU GOÛT SUCRÉ

Betterave rouge cuite
Carotte cuite
Châtaigne
Citrouille
Courge
Maïs
Panais
Patate douce
Petits pois
Pomme de terre
Potiron
Rutabaga
Topinambour

À PARTIR DU 15E JOUR

FRUITS À IG BAS

Cassis
Citron
Fraise
Framboise
Fruit de la Passion
Grenade
Groseille
Mandarine
Myrtille
Mûre
Orange
Pamplemousse
Poire
Pomme golden
Smoothies maison (un fruit maximum)

À PARTIR DU 18E JOUR

FRUITS À IG ÉLEVÉ

Ananas
Banane
Cerise
Datte
Figue
Fruits au sirop
Fruits secs
Goyave
Jus vert maison (avec un fruit maximum)
Kaki
Litchi
Melon
Pastèque
Raisin

À PARTIR DU 20E JOUR

AUTRES ALIMENTS ET BOISSONS

Acérola
Alcools
Alcools avec teneur en sucres < 2,5 g (avec modération)
Boisson végétale avoine nature
Boisson végétale châtaigne nature
Boisson végétale épeautre nature
Boisson végétale millet nature
Boisson végétale noisette nature
Boisson végétale riz nature
Camu-camu **Force Ultra Nature**
Caroube **Force Ultra Nature**
Chocolat noir à 70 % de cacao minimum
Flocons d'avoine pour une recette au goût sucré
Kéfir
Kombucha
Lucuma **Force Ultra Nature**
Maca **Force Ultra Nature**
Pollen
Yaourt d'avoine nature
Yaourt de riz nature

LE CONSEIL DE LUCILE

À poids égal, le Camu-camu contient des dizaines de fois plus de vitamine C qu'une orange. J'adore l'ajouter dans mes smoothies du matin pour un concentré de vitalité.

ÉTAPE 3: LA FIN DES INTERDITS, MAIS TOUJOURS DANS LE CONTRÔLE – jours 22 à 42 (3 semaines)

QUANTITÉ

TROIS JOKERS PAR SEMAINE

Exemple :

- Mardi matin : une viennoiserie avec les collègues
- Jeudi soir : un cocktail en afterwork
- Samedi soir : une part de votre gâteau healthy fait maison

QUALITÉ

À PRIVILÉGIER DANS VOS PLAISIRS SUCRÉS

Sucres plus naturels:

Miel

Sucre complet (rapadura, muscovado)

Sucre de Coco **Force Ultra Nature**

Sirop de yacón

Édulcorants naturels:

Érythritol

Stevia verte

Xylitol **Force Ultra Nature**

+ Gâteaux et desserts maison à base de ces sucrants ou à base de fruits

À ÉVITER LE PLUS POSSIBLE

Sucres blancs et/ou raffinés et/ou craqués:

Caramel

Dextrose

Fructose

Maltodextrine

Sucre de betterave

Sucre de canne

Sirop de dattes

Sirop de fructose

Sirop de glucose

Sirop de maïs

Sirop de riz

Sirop de sucre inverti

→ Référez-vous à la liste des noms de sucres en annexe !

Édulcorants artificiels:

Acésulfame-K

Acésulfate de potassium

Aspartame

Sucralose

+ Gâteaux industriels

LES SOLUTIONS SUPPLÉMENTAIRES ET PERSONNALISÉES

Mettez toutes les chances de votre côté pour en finir une bonne fois pour toutes avec votre addiction au sucre en complétant votre sevrage à l'aide de solutions personnalisées à votre profil.

Le quiz de départ vous a éclairé·e quant à votre profil:

- Sugar Babe hypoglycémique ;
- Sugar Babe stressée ;
- Sugar Babe hormonale ;
- Sugar Babe digestive.

Reportez-vous en priorité à votre profil dans les pages suivantes pour mettre en place un protocole complet avec des conseils:

- Alimentaires ;
- De supplémentation ;
- De phytothérapie ;
- D'aromathérapie ;
- Et de mode de vie.

Agir à 360 degrés, c'est la clé pour ne pas retomber dans vos anciens travers.

P.-S. : l'intégralité des conseils donnés à chaque profil peut être bénéfique à tous et à toutes. N'hésitez donc pas à tout parcourir.

AVERTISSEMENT

Les conseils de posologie ne se substituent en aucun cas à ceux de votre thérapeute et des contre-indications existent (elles sont indiquées en bas de page).

Parlez-en avec lui pour une prise en charge personnalisée et adaptée à votre situation.

#Bio-individualité

1. POUR LA SUGAR BABE HYPOGLYCÉMIQUE

Objectif: faire le plein de glucides à IG bas, améliorer votre routine alimentaire et contrôler votre glycémie

Le coin alimentation

La glycémie correspond à la **quantité de sucre** que nous avons dans le sang.

Elle varie chez chacun d'entre nous en fonction de l'heure de la journée, du contenu de nos repas, de notre activité physique et de nos hormones, mais notre corps contient en moyenne **entre 0,7 et 1,1 g de sucre pour 1 l de sang**.

Lorsque notre glycémie est trop haute, nous sommes en **hyperglycémie**. Cette hyperglycémie est souvent le fruit de nos choix alimentaires déséquilibrés. Ces derniers ne sont pas forcément mauvais, ils ne constituent pas forcément de la *junk food,* comme on pourrait le penser, mais ils peuvent apporter une quantité trop importante de sucre dans le sang.

L'inverse n'est pas bon non plus : lorsque notre glycémie est trop basse, nous sommes en **hypoglycémie**. Cette hypoglycémie provoque des coups de fatigue, nous rend incapables de bien nous concentrer dans notre travail et est considérée comme un stress majeur pour l'organisme.

Le comble, c'est qu'une hyperglycémie entraîne systématiquement une hypoglycémie. On parle alors d'**hypoglycémie réactionnelle.**

En résumé, contrairement à ce que l'on pense souvent, l'hypoglycémie est souvent le signe que l'on mange trop de sucre, et non l'inverse.

Lorsque notre glycémie est trop souvent déséquilibrée, les conséquences sont nombreuses pour notre organisme:

- Nous prenons du poids et avons du mal à déstocker .
- Nous déséquilibrons notre microbiote ;
- Nous rencontrons davantage de problèmes de circulation sanguine ;
- Nous favorisons le vieillissement prématuré ;
- Nous fatiguons nos organes (foie et pancréas) ;
- Et, bien sûr, nous sommes fatigué·es et cherchons à compenser ce manque d'énergie par un nouvel apport de sucre.

C'est donc un véritable **cercle vicieux**: le sucre nous fatigue et, en réponse à cette fatigue, nous voulons en consommer encore plus.

C'est ici qu'interviennent deux outils clés dans la régulation glycémique : **l'index glycémique (IG) et la charge glycémique (CG)**.

L'index glycémique (IG) nous renseigne sur la vitesse à laquelle votre glycémie augmente après l'ingestion d'un aliment précis.

Cette unité de mesure est comprise **entre 1 et 100** (100 étant le glucose pur) et permet de classer chaque aliment selon sa capacité à faire grimper le taux de sucre dans le sang.

À l'heure actuelle, il existe quatre familles d'aliments :

- **Ceux à IG élevé**, au-dessus de 70 : par exemple, les pommes de terre en purée, la baguette, les dattes séchées, le potiron, la boisson végétale au riz ;
- **Ceux à IG modéré**, entre 55 et 70 : par exemple, les pâtes complètes, les bananes mûres, les yaourts aux fruits, la pâte feuilletée ;
- **Ceux à IG bas**, entre 20 et 55 : par exemple, les fruits des bois, le quinoa, les lentilles, le chocolat noir à 70 % de cacao ;
- **Ceux à IG très bas**, en dessous de 20 : les légumes verts, le poulet, l'avocat, les oléagineux, le tofu.

Plus le chiffre est élevé, plus le pic de glycémie qui suit l'ingestion de l'aliment est important dans le sang, et plus l'insuline est sécrétée en quantité importante.

Il vous faudra donc vous familiariser avec l'IG des aliments pour respecter les **règles suivantes** :

- **Éviter le plus possible les aliments à IG élevé**: ces aliments stimulent l'appétit et nous incitent à manger davantage. Ils nous font stocker ;
- **Limiter les aliments à IG modéré** : veillez à prendre des portions raisonnables et à toujours les combiner avec des aliments à IG bas, voire très bas, qui viennent compenser l'impact glycémique ;
- **Privilégier les aliments à IG bas et très bas** : ces aliments n'élèvent que de très peu la glycémie et devront être prioritaires dans votre assiette. Ils constituent en prime une bonne source de nutriments et de fibres.

INDICES ET CHARGES GLYCÉMIQUES[38]

Consultez la liste des indices et des charges glycémiques
de vos aliments préférés page 107.

38. Anthony Berthou, "Index et charge glycémique des principaux aliments glucidiques", *Santé et Nutrition*.

La **charge glycémique** (CG) est une notion **encore plus complète**. En effet, même si l'index glycémique est une notion intéressante pour vous familiariser avec les différents aliments, il a un défaut : il ne prend pas en compte la **quantité de glucides ingérés**.

La charge glycémique considère l'index glycémique d'un aliment mais aussi la **quantité de glucides** que vous ingérez :

$$\frac{\text{Index glycémique} \times (\%\ \text{de glucides} \times \text{portion (g)}/100)}{100}$$

Tout comme pour l'IG, la charge glycémique classe les aliments en trois groupes :

- **Ceux à CG élevé**, au-dessus de 20 : par exemple, les pommes de terre au four, le pop-corn, les biscottes, le riz gluant, la farine complète, la farine de maïs, les raisins secs ;
- **Ceux à CG modéré**, entre 11 et 19 : par exemple, les pâtes complètes, les bananes bien mûres, les patates douces cuites au four, les confitures, les raisins frais, le pain de seigle ;
- **Ceux à CG bas**, en dessous de 10 : par exemple, les carottes cuites, le chocolat noir à 70 % de cacao, les haricots blancs, les flocons d'avoine cuits, la boisson végétale à l'amande, le sirop d'érable.

Exemples :

- Une portion de **corn-flakes** (100 g), dont l'IG est de 82, contient 83 g de glucides. La charge glycémique est donc 82 × (83 × 30/100) ÷ 100 et se situe autour de 20.
- Une portion de **lentilles** (150 g), dont l'IG est de 30, renferme 17 g de glucides. La charge glycémique est donc 30 × (17 × 150/100) ÷ 100 et se situe autour de 7.

Cette notion clé permet de relativiser la notion de l'IG, car certains aliments ont certes un IG élevé, mais sont pauvres en glucides. Prenons l'exemple d'une **betterave cuite** qui a un IG de 64, soit presque identique à celui du **pain complet** (IG 65). Son IG est plutôt élevé ; cependant, la betterave contient peu de glucides, contrairement au pain complet. Ainsi, sa charge glycémique est de 5, contre 20 pour le pain complet. **Tout est donc à nuancer!**

Les facteurs de modification glycémique: votre IG est variable!

« COMPLET » NE VEUT PAS DIRE IG BAS !

Forte de leur image santé, les **céréales complètes** sont à la mode et ont bonne presse. C'est donc en toute logique qu'on les retrouve un peu partout dans les commerces. Mais il est important de bien comprendre que la mention « complet » ne signifie pas qu'il est sain et peu glycémique. En effet, aujourd'hui, de nombreux produits contenant des céréales complètes sont **transformés** : ils ont été cuits, grillés, soufflés, pulvérisés, ce qui les éloigne considérablement de leur forme originelle et... augmente la **glycémie** !

Ne vous laissez donc pas tromper par des céréales complètes soufflées dites « minceur », des galettes de riz complet soufflé ou des craquottes complètes, dont l'impact sur votre glycémie sera très important.

Pour rendre le tout un petit peu compliqué, sachez que l'IG et donc la CG de votre aliment varient en fonction de certains facteurs.

- **Le rapport amylose-amylopectine**: L'amidon existe sous deux formes que l'on trouve en proportion variable selon le type d'aliment : l'amylose et l'amylopectine. Du fait de leur construction facilement démantelable, les aliments riches en amylopectine ont un IG plus élevé que les aliments riches en amylose : le glucose y est plus facilement libéré. C'est pourquoi leur IG est plus élevé. Moins il y a d'amylose dans un amidon, plus son index glycémique est élevé. Inversement, plus la proportion d'amylose est forte, moins il y a transformation en glucose et plus l'index glycémique est bas. C'est le cas du blé (25 % d'amylose, 75 % d'amylopectine), du maïs dit « waxy » (100 % d'amylopectine, avec un IG proche de 100) qui rentre très couramment dans la composition des suppléments pour sportifs ou celle des riz opaques. À l'inverse, les amidons de légumineuses renferment souvent plus d'amylose et ont un IG plus modéré. Ainsi, la pomme de terre, qui a un taux d'amylose très faible, possède un index glycémique élevé, alors que la lentille, qui a un taux d'amylose élevé, a un index glycémique très bas.

AMYLOSE VS AMYLOPECTINE (VALEURS MOYENNES)

	TENEUR EN AMYLOPECTINE (%)	TENEUR EN AMYLOSE (%)
Riz	81	19
Pomme de terre	80	20
Blé	75	25
Maïs	75	25
Maïs waxy	100	0
Fruits	70	30
Légumineuses	70-34	30-66

- La **cuisson**: la chaleur augmente l'IG d'un aliment. Par exemple, avec la cuisson dans l'eau, l'amidon contenu dans le féculent se **gélatinise**. C'est pourquoi le **riz gonfle**. Or ce féculent gélatinisé est facilement transformé en glucose par les sucs digestifs.

  Quelques exemples :

  – La **carotte** crue a un IG très bas (20), mais dès lors qu'elle est bouillie dans l'eau, son IG grimpe à 50 ;

  – Les **pommes de terre** cuites avec leur peau à la vapeur ont un IG de 65, mais quand elles sont cuites au four, cet IG grimpe à 95 ;

  – L'explosion des **grains de maïs** pour en faire des pop-corn augmente de 20 % leur IG de départ et peut atteindre un IG à 90 selon la recette finale.

- Le **degré de mûrissement** : plus un fruit mûrit, plus son IG grimpe. Ce phénomène concerne davantage encore les fruits amidonnés, comme la banane. Une banane verte aura un IG de 40, mais son IG pourra monter à 65 si vous la laissez mûrir longtemps.

- Le **degré de raffinage**: plus un aliment est riche en fibres solubles, plus son IG est faible. Or, lorsque les céréales sont raffinées, les fibres sont retirées, ce qui augmente l'IG des produits de manière importante, en plus de nous priver de tous les bienfaits des vitamines et des minéraux.

- Le **degré de transformation**: plus le produit est transformé (soufflé, extrudé, réduit en flocons, etc.), plus l'amidon sera digestible et plus l'IG sera élevé. Cela explique pourquoi des flocons d'avoine ont un IG de moins de 60, alors que les flocons soufflés, comme dans les céréales du petit déjeuner, possèdent un IG de plus de 80.

LE MYTHE DU PAIN COMPLET

Saviez-vous que votre **pain complet** a un IG proche du **pain blanc**? Étrange, puisque le pain complet a gardé le germe et le son du grain, et est donc plus riche en fibres que le pain blanc.

La différence réside dans le **type de fibres** du pain complet : ce dernier contient surtout des fibres insolubles. Contrairement aux **fibres solubles**, les **fibres insolubles** ne ralentissent pas l'absorption de l'amidon et n'ont donc pas d'impact sur l'index glycémique. Ce n'est pas une raison pour l'abandonner au profit du pain blanc : il sera toujours plus dense en nutriments, surtout s'il est au levain.

EXEMPLE DU SON D'AVOINE

<

<

Flocons d'avoine crus
IG 40

Flocons d'avoine cuits
IG 60

Corn-flakes
IG 80

Cela explique aussi la raison pour laquelle les farines modernes sont plus glycémiques que celles d'antan : elles étaient autrefois moulues à la meule de pierre, ce qui les réduisait en grosses particules (bise). Aujourd'hui, la performance des moulins produit des particules plus fines avec un IG plus élevé.

Comme vous pouvez le constater, l'index glycémique est soumis à de nombreuses variantes. **Il faut donc dépasser la simple valeur IG et bien garder en tête tous ces facteurs.**

Peut-on faire baisser l'IG de nos repas?

CONNAISSEZ-VOUS LE PHÉNOMÈNE DE RÉTROGRADATION ?

À l'inverse de la cuisson, qui augmente l'IG, conserver les aliments cuits comme vous le feriez pour vos restes que vous mettez au réfrigérateur modifie les molécules d'amylose et d'amylopectine. On parle alors d'**amidon résistant**. On revient ainsi à la structure moléculaire d'avant, ce qui permet de réduire l'IG.

Par exemple :

Des **pâtes cuites al dente** avec un IG de 50 environ, que vous mangerez le lendemain en salade, auront un nouvel IG de 35 ;

Vos **lentilles** avec un IG de 35 auront un IG qui baissera à 15 ou 10 si elles sont consommées le lendemain en salade, après une nuit au réfrigérateur ;

Même réchauffés, les féculents auront un IG plus bas que s'ils venaient d'être fraîchement cuits. À vous le batch cooking[39] !

Heureusement, tout comme certains facteurs augmentent votre IG, il est possible de limiter son impact grâce à de nombreuses astuces :

- Toujours combiner un féculent avec d'autres **macronutriments**. Les protéines et les lipides ont un IG bas et compenseront la charge glycémique totale de vos repas.
- Toujours le combiner avec des **légumes** dont les fibres solubles forment un gel dans l'estomac, ralentissant la vidange gastrique et freinant l'absorption du glucose.

39. Le batch cooking (littéralement « cuisson par lots » en anglais) est une méthode d'organisation qui consiste à préparer plusieurs plats en avance afin de gagner du temps durant la semaine à venir.

- Composez vos assiettes en suivant la répartition idéale de mon **assiette healthy** (plus d'infos dans mon livre *Le Guide healthy*).

A	B	C	D	E
LÉGUMES (cuits ou crus)	**PROTÉINES**	**GLUCIDES (céréales et légumes amidonnés)**	**LIPIDES**	**BOOST HEALTHY**
La moitié de l'assiette	**¼ de l'assiette**	**¼ de l'assiette**	**1 ou 2 c. à soupe**	**En bonus!**
Asperge	Amarante	Amarante	Avocat 🟢	Ail des ours 🟢
Aubergine 🟢	Couscous de légumineuses	Betterave cuite 🟠 🟢	Amande 🟢	Algues séchées 🟢
Betterave crue 🟢	Edamame	Carotte cuite 🟠	Graines de chanvre	Alliacées (ail, échalote, oignon, etc.) 🟢
Blette	Falafel (sans friture)	Céréales complètes (toutes)	Graines de courge	Choucroute crue
Brocoli 🟢	Haricots secs (tous)	Châtaigne 🟠 🟢	Graines de lin moulues ou linette	Épices (toutes)
Carotte crue 🟢	Houmous	Courges (toutes) 🟠 🟢	Graines de tournesol	Germe de blé 🟢
Céleri-rave 🟢	Lentilles (toutes)	Maïs	Huiles à varier (extravierges et pressées à froid)	Gingembre frais 🟢
Champignon 🟢	Nouilles soba	Millet	Houmous	Gomasio 🟢
Chou 🟢	Œufs	Nouilles soba	Noisettes	Graines germées 🟢
Chou-fleur 🟢	Pâtes de légumineuses	Pains (tous)	Noix de Grenoble	Herbes aromatiques (toutes) 🟢
Chou de Bruxelles	Petits pois	Patate douce 🟠 🟢	Noix de macadamia	Kimchi
Cœur d'artichaut	Pois chiches	Pâtes de légumineuses (toutes)	Noix de pécan	Légumes lactofermentés
Concombre 🟢	Poisson	Pomme de terre 🟠 🟢	Noix du Brésil (trois maximum)	Levure de bière
Courgette 🟢	Quinoa 🟢	Potiron 🟠 🟢	Olives noires 🟢	Pollen frais 🟢
Endive 🟢	Sarrasin	Sarrasin	Olives vertes 🟢	Spiruline en paillettes 🟢
Haricots verts 🟢	Teff	Topinambour 🟠 🟢		
Laitue 🟢	Tempeh 🟢	Quinoa		
Légumes à feuilles vertes (tous)	Tofu	Riz complet ou semi-complet		
Mâche 🟢	Viande	Riz sauvage		
Poireau		Riz thaï		
Poivron 🟢		Riz basmati		
Radis (tous) 🟢				
Scarole 🟢				
Tomate crue mûre 🟢				
Tomate cuite				

🟠 Glucides à privilégier si perméabilité intestinale ou fragilité digestive

🟢 Aliments alcalinisants (à degrés variables)

Liste non exhaustive

- Mangez vos aliments dans un **ordre précis** : commencez par les légumes et/ou les crudités, puis mangez les protéines et terminez par les glucides. Les consommer en fin de repas permet de diminuer la glycémie d'environ 30 %[40].

- Ajoutez systématiquement des condiments **hypoglycémiants** : cannelle, curcuma, gingembre, oignon, ail, fenugrec.

LE FENUGREC POUR LUTTER CONTRE L'HYPERGLYCÉMIE

Parmi les plantes reconnues pour leurs vertus hypoglycémiantes, je vous présente le fenugrec ! Cette petite graine contient un acide aminé, le 4-hydroxyisoleucine[41], qui stimule la sécrétion d'insuline par le pancréas. À raison d'une cuillerée à café et un tiers de poudre de fenugrec, deux fois par jour avant les repas, il permettrait de réguler la glycémie[42], mais uniquement lorsque le corps en a besoin, ce qui permet d'éviter les problèmes d'hypoglycémie sévère. C'est cette originalité qui le différencie des médicaments traditionnels utilisés dans les problèmes d'insulinorésistance, caractéristique du diabète de type 2.

- **Intégrez des plats à température ambiante et pensez aux salades :** cette habitude ne doit pas être systématique (le chaud est utile à la digestion), adaptez-vous selon la saison. À titre d'exemple, les pommes de terre en salade auront un IG de 58 contre 65 dans leur version bouillie.

- **Ajoutez de l'acidité dans votre assiette:** elle ralentit la vidange de l'estomac et donc l'absorption de l'amidon. Pensez au vinaigre de cidre ou de vin, ou encore au jus de citron[43].

- **Mangez l'aliment sous sa forme la moins transformée possible:** par exemple, remplacez vos céréales soufflées par des flocons d'avoine.

NE CONFONDEZ PAS CÉRÉALES ET PRODUITS CÉRÉALIERS

Les premières sont naturelles et riches en fibres (à condition de ne pas être raffinées), les seconds sont transformés et industriels.

40. Shukla A. P., Andono J., Touhamy S. H. *et al*, "Carbohydrate-last meal pattern lowers postprandial glucose and insulin excursions in type 2 diabetes", *BMJ Open Diabetes Research and Care*, 2017 ; 5:e000440. doi: 10.1136/bmjdrc-2017-000440
41. Sauvaire Y., Petit P., Broca C., Manteghetti M., Baissac Y., Fernandez-Alvarez J., Gross R., Roye M., Leconte A., Gomis R., Ribes G., "4-Hydroxyisoleucine: a novel amino acid potentiator of insulin secretion", *Diabetes*, 1998 Feb ; 47(2):206-10. doi: 10.2337/diab.47.2.206. PMID: 9519714.
42. Gaddam A., Galla C., Thummisetti S., Marikanty R. K., Palanisamy U. D., Rao P. V., "Role of Fenugreek in the prevention of type 2 diabetes mellitus in prediabetes", *J Diabetes Metab Disord*, 2015 Oct 2 ; 14:74. doi: 10.1186/s40200-015-0208-4. PMID: 26436069; PMCID: PMC4591578.
43. Johnston C. S., White A. M., Kent S. M., "A preliminary evaluation of the safety and tolerance of medicinally ingested vinegar in individuals with type 2 diabetes", *J Med Food*, 2008;11(1):179–83.

- **Consommez du fermenté:** les bactéries raffolent du sucre et en mangeront à votre place. Pour cette raison, le pain au levain est moins glycémique que le pain classique à la levure, en plus d'être plus digeste.
- **Bougez après le repas:** quelque temps après ingestion de vos aliments, votre glycémie augmente ; c'est donc le bon moment pour mettre vos chaussures et aller marcher ou pratiquer une petite activité physique. Le pic de glucose survient entre 30 à 90 minutes après le repas. Votre corps a donc plein d'énergie dans le sang prêt à être dépensé[44, 45].
- **Mangez gras et protéiné au petit déjeuner:** vous éviterez ainsi les fringales dans la matinée, et favoriserez également la production de dopamine dans votre organisme. La dopamine, comme expliqué précédemment, agit comme un neurotransmetteur de l'éveil, de l'entrain et de la motivation.

MON PENSE-BÊTE

- Les légumes, les légumineuses, les céréales complètes et la majorité des fruits locaux ont un faible impact sur la glycémie.
- Les produits industriels, raffinés et/ou transformés ont au contraire un fort impact.
- L'IG augmente avec la cuisson et le broyage.
- L'IG redescend après une conservation au réfrigérateur.
- Mieux vaut finir ses repas par les glucides que commencer par ces derniers.

INDEX GLYCÉMIQUE

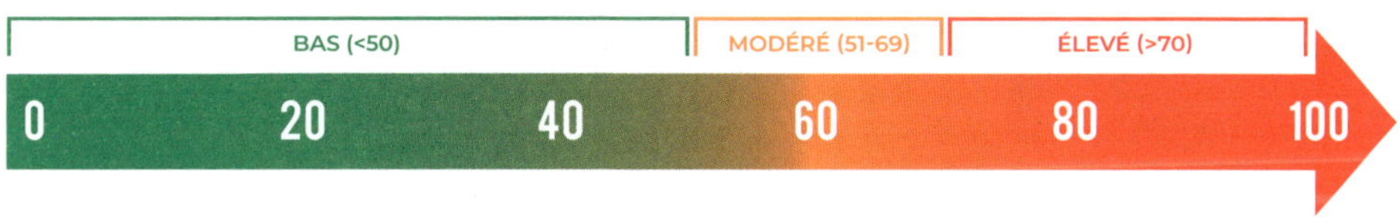

CHARGE GLYCÉMIQUE

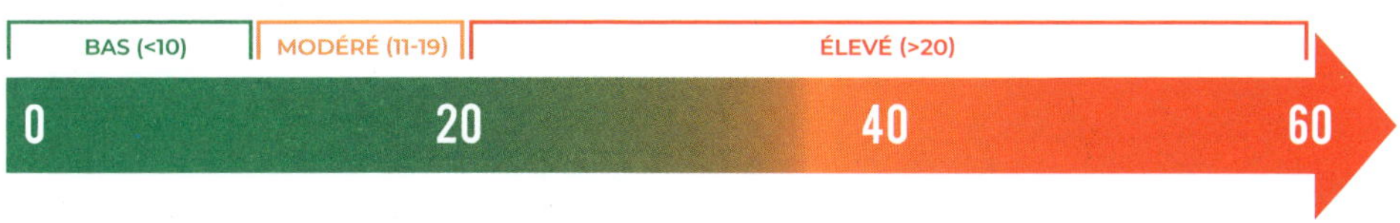

44. Shukla A. P., Iliescu R. G., Thomas C. E., Aronne L. J., "Food order has a significant impact on postprandial glucose and insulin levels", *Diabetes Care*, 2015 Jul ; 38(7):e98-9. doi: 10.2337/dc15-0429.
45. Dipietro L., Gribok A., Stevens M. S., Hamm L. F., Rumpler W., "Three 15-min bouts of moderate postmeal walking significantly improves 24-h glycemic control in older people at risk for fmpaired glucose tolerance", *Diabetes Care*, 2013 Jun 11.

Faites le ménage dans vos placards

Lors de votre prochaine virée courses, prenez la liste de la page ci-contre avec vous pour remplir vos étagères avec de nombreuses alternatives IG bas à vos produits habituels préférés.

Ces conseils vous serviront quel que soit votre profil. N'hésitez pas à les mettre en pratique même si votre addiction au sucre provient d'une autre problématique.

LA SALADE N'EST PAS FORCÉMENT VOTRE MEILLEURE ALLIÉE

Lorsque l'on souhaite perdre du poids, la salade est le premier ingrédient auquel on pense en vue de manger plus léger et d'alléger son apport calorique quotidien. Malheureusement, elle peut facilement être déséquilibrée et manquer :

- de glucides ;
- de matières grasses ;
- de protéines et donc d'acides aminés.

Une carence en l'un de ces trois macronutriments peut être problématique pour gérer les pulsions de sucre. Par exemple, vous pourriez ne pas fournir suffisamment de tryptophane à votre organisme. Or ce tryptophane est un acide aminé essentiel pour la production de sérotonine, dont le manque intensifiera irrémédiablement votre envie de manger sucré.

JE FAIS LE MÉNAGE DANS MES PLACARDS

PLACARDS SALÉS

Farines et pains:

- Farine de blé intégral T150 (IG 45)
- Farine d'épeautre ou de petit épeautre intégral T150 (IG 45)
- Pain complet à l'épeautre ou au petit épeautre (IG 45)
- Pain pumpernickel (IG 45)
- Farine de sarrasin (IG 40)
- Pain azyme à la farine intégrale (IG 40)
- Farine de pois chiches (IG 35)
- Farine de souchet (IG 35)
- Pain essène (IG 35)
- Pain intégral au levain (IG 35)
- Farine de lentilles vertes (IG 30)
- Farine d'orge mondé (IG 30)
- Farine de lupin (IG 15)

Céréales et pseudo-céréales:

- Boulgour complet (IG 45)
- Petit épeautre (IG 45)
- Riz basmati complet (IG 45)
- Flocons d'avoine (IG 40)
- Flocons de sarrasin (IG 40)
- Sarrasin (IG 40)
- Amarante (IG 35)
- Quinoa (IG 35)
- Son d'avoine (IG 15)

Légumineuses:

- Haricots rouges (IG 35)
- Lentilles vertes (IG 35)
- Pâtes de lentilles corail (IG 35)
- Pois chiches (IG 35)
- Haricots blancs (IG 30)
- Lentilles corail (IG 30)
- Pois cassés (IG 25)

Autres:

- Purée de sésame semi-complet (IG 40)
- Purée de noix de cajou (IG 35)
- Coulis de tomates (IG 30)
- Gingembre en poudre (IG 15)
- Curcuma en poudre (IG 5)
- Vinaigre de cidre (IG 5)

PLACARDS SUCRÉS

Farines et substituts:

- Farine de teff (IG 45)
- Farine de coco (IG 35)
- Farine d'orge mondé (IG 30)
- Farine et poudre d'amandes (IG 20)
- Farine et poudre de noisettes (IG 20)

Sucrants:

- Sucre de Coco **Force Ultra Nature** (IG entre 35 et 55)
- Miel d'acacia (IG 35)
- Sirop d'agave **Force Ultra Nature** (IG 15)
- Xylitol **Force Ultra Nature** (IG 7)
- Sirop de yacón (IG < 5)
- Érythritol (IG 0)
- Stevia verte (IG 0)

Fruits secs, oléagineux & graines:

- Abricots secs (IG 35)
- Graines de lin et de tournesol (IG 35)
- Purée de cacahuètes 100 % nature (IG 25)
- Purée de noisettes 100 % nature (IG 25) Amandes et noisettes (IG 20)
- Graines de courge (IG 20)
- Purée d'amandes complètes 100 % nature (IG 25)
- Graines de sésame (IG 15)
- Noix de Grenoble, de cajou, de macadamia, du Brésil (IG 15)

Boissons:

- Boissons végétales à l'amande, au soja, au chanvre, à la coco (IG 30-40)
- Chicorée (IG 2)
- Café (IG 0)
- Thé (IG 0)
- Tisane (IG 0)

Douceurs sucrantes:

- Chocolat noir à plus de 70 % de cacao avec sucre de coco (IG 25)
- Cacao en poudre **Force Ultra Nature** (IG 20)
- Noix de coco râpée (IG 15)
- Cannelle (IG 5)
- Poudre de vanille (IG 5)
- Crème de coco (IG 0)
- Fleur d'oranger (IG 0)

ET SI JE CHERCHE UN COMPLÉMENT?

Le **chrome**[46] est un oligoélément parfait pour accompagner votre sevrage de sucre. Il limite vos envies et réduit vos fringales, maintient votre glycémie à l'état normal, et augmente la sensibilité à l'insuline[47], permettant une meilleure utilisation du glucose et un meilleur approvisionnement de vos cellules.

Conseil d'utilisation: un ou deux comprimés dosés à 200 µg par jour, à prendre avec un verre d'eau au moment d'un repas, entre trois et six semaines.

ET SI JE PRÉFÈRE M'AIDER AVEC DES PLANTES?

Le gymnema sylvestre est une plante utilisée depuis des années en médecine ayurvédique pour soigner les diabétiques. Son acide gymnémique rentre en compétition avec le sucre au niveau des récepteurs du goût dans la bouche[48], d'où son intérêt dans les comportements de grignotage impulsif. Si vous êtes pris d'une pulsion incontrôlable de sucre, versez le contenu d'une gélule sur la langue ; vous serez alors incapable de détecter le goût sucré !

Parmi ses champs d'action :

- Il aide à abaisser le taux de glycémie en bloquant en partie l'absorption du sucre dans l'intestin et en évitant le pic d'insuline[49, 50] ;
- Il inhibe le goût sucré ;
- Il réduit l'appétit ;
- Il limite les envies de sucre et de grignotage ;
- Il aide à réguler son poids.

Conseils d'utilisation: une à trois gélules dosées à 500 mg par jour au moment des repas, en cure de trois mois ou suivant les conseils de votre thérapeute. La gélule peut être ouverte et versée sur la langue chez les personnes sujettes aux grignotages et/ou frénésies de sucrerie.

L'huile essentielle de géranium rosat d'Égypte[51] est réputée pour son action de régulation de la glycémie. Non seulement elle stimule le pancréas en l'aidant à dégrader les graisses mais elle permet aussi de lutter contre les phénomènes d'hyperglycémie et d'hypoglycémie[52].

Conseils d'utilisation : une goutte sur un comprimé neutre à laisser fondre en bouche en cas de fringale ou pour réguler sa glycémie. Faire une pause au bout de trois semaines.

EN BONUS

La pratique sportive et l'activité physique pour améliorer le fonctionnement des hormones qui contrôlent la glycémie.

Recommandations officielles:

1 ACTIVITÉ PHYSIQUE MODÉRÉE
(avec léger essoufflement)
Marcher, pédaler, monter et descendre les escaliers, etc.
5 jours/semaine
Min. 30 min/jour

1 ACTIVITÉ PHYSIQUE INTENSE
(avec fatigue musculaire)
Jogging, tennis, natation, sport en salle, etc.
3 fois/semaine
Min. 20 min

46. Ne pas dépasser les doses recommandées par le fabricant. Comme avec tout supplément nutritionnel, consultez un professionnel de santé avant de le consommer si vous êtes enceinte, allaitez ou si vous avez un problème de santé. Réservé à l'adulte.
47. Anderson R. A., "Nutritional factors influencing the glucose/system: chromium", *Am Coll Nutr*, 1997a, 16 : 404-410.
48. Sahu N., Mahato S. B., Sarkar S. K., Poddar G., "Triterpenoid saponins from Gymnema sylvestre", *Phytochem*, 1996 ; 41:1181-1185.
49. Yeh G. Y., Eisenberg D. M. et *al.*, "Systematic review of herbs and dietary supplements for glycemic control in diabetes", *Diabetes Care*, 2003 Apr ; 26(4):1277-94.
50. Shanmugasundaram E. R., Rajeswari G., Baskaran K., Rajesh Kumar B. R., Radha Shanmugasundaram K., Kizar Ahmath B., "Use of Gymnema sylvestre leaf extract in the control of blood glucose in insulin-dependent diabetes mellitus", *J Ethnopharmacol*, 1990 Oct ; 30(3):281-94. doi: 10.1016/0378-8741(90)90107-5. PMID: 2259216.
51. Contre-indications : femmes enceintes et allaitantes, enfants de moins de 6 ans. Pour toute prise interne d'huile essentielle, parlez-en à votre médecin.
52. Boukhris M., Bouaziz M., Feki I., Jemai H., El Feki A., Sayadi S., "Hypoglycemic and antioxidant effects of leaf essential oil of Pelargonium graveolens L'Hér. in alloxan induced diabetic rats", *Lipids in Health and Disease*, 2012, 11(1), 81. https://doi.org/10.1186/1476-511x-11-81

2. POUR LA SUGAR BABE STRESSÉE ET FATIGUÉE

Objectif: réduire l'anxiété, rééquilibrer vos neurotransmetteurs, rétablir vos glandes surrénales.

Vous connaissez probablement le **cortisol**, que l'on appelle plus communément « hormone du stress ». Cette dernière est secrétée par la partie externe des **glandes surrénales**. Chez la plupart des personnes, le cortisol fluctue naturellement tout au long de la journée, augmentant au matin et redescendant la nuit. Cependant, chez les personnes stressées, les concentrations de cette hormone sont importantes tout au long de la journée, affectant le taux de sucre sanguin.

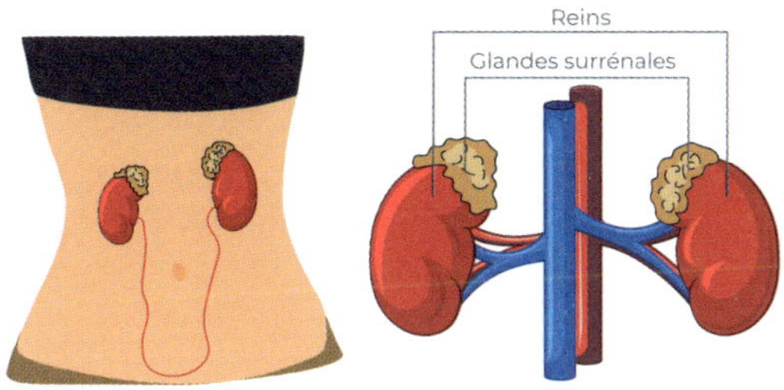

Les glandes surrénales sont des glandes qui ressemblent à des petits chapeaux et qui se trouvent sur les reins. Elles sont petites mais puissantes. Leur fonction est de libérer les hormones qui déclenchent la réaction de combat ou de fuite lorsque nous sommes confronté·es à des facteurs de stress.

Sans que vous ne vous en rendiez compte, vous mettez en place tout un système naturel de **libération de glucose dans le sang** lorsque vous stressez. Ce mécanisme est un système remarquable qui a joué un rôle primordial dans la survie humaine. Pour l'organisme et la nature humaine, qui dit stress dit danger et qui dit danger dit sécrétion de glucose.

Dans cette situation, notre organisme mobilise toute l'**énergie disponible** afin de la faire parvenir aux organes qui en ont besoin immédiatement. Nos muscles doivent en effet être approvisionnés en sucre et nos cellules ravitaillées rapidement. Grâce au cortisol :

- Le foie synthétise du glucose à partir de nos réserves de glycogène ;
- Une partie de nos réserves en graisses mais aussi en muscles est transformée en glucides.

Il en résulte une augmentation du taux de sucre dans le sang et donc une **hyperglycémie**, qui, dans une situation de danger, nous donne toute l'énergie dont nous avons besoin pour la fuir ou la combattre, et ainsi survivre.

Mais ce stress du XXIe siècle est **prolongé** et donc **malsain** pour l'organisme, car nous ne sommes pas véritablement en situation de danger de vie ou de mort au quotidien !

Le cortisol persiste, bloque la sécrétion d'insuline afin de nous maintenir en hyperglycémie. Il augmente notre appétit et nous incite à manger pour **reconstituer des stocks d'énergie qui n'ont finalement pas été vidés**, puisqu'il n'y a pas eu de réel danger. En effet, ce que le corps perçoit comme un danger aujourd'hui, ce n'est pas un ours dans la forêt, mais plutôt un manager un peu difficile ou des retards dans les transports en commun.

Ce stress chronique épuise petit à petit les glandes surrénales et l'organisme, favorisant alors des envies incessantes de sucre pour retrouver un peu d'énergie, et le cercle infernal des allers-retours permanents entre hyperglycémie et hypoglycémie.

D'autres conséquences liées à cet excès de cortisol peuvent survenir:

- Vous accroissez plus facilement votre **masse grasse**, principalement au niveau abdominal, car les glandes qui sécrètent le cortisol sont situées au-dessus des reins, et l'accès au tissu adipeux est plus facile en cas de mobilisation nécessaire des réserves. Or cette graisse abdominale est corrélée à un risque accru de maladies cardio-vasculaires ;
- Votre cortisol peut finir par manquer et ce taux trop faible peut aboutir à de l'**anxiété chronique** et à un **véritable épuisement** de votre organisme ;
- À terme, vos cellules peuvent devenir **moins sensibles à l'insuline** (on parle alors de résistance à l'insuline), augmentant les risques de diabète de type 2.

LES AUTRES MÉFAITS DU STRESS

Votre **thyroïde** fonctionne moins bien.

Vous pouvez souffrir de **migraines**.

Votre **métabolisme** est ralenti.

Votre **régénération musculaire** est mise à mal et vous avez du mal à prendre du muscle.

Vos **hormones** se dérèglent.

Vous souffrez de **problèmes de peau**.

Vous perdez davantage de **minéraux alcalins** (potassium, calcium).

Votre **cholestérol** augmente.

Votre **digestion** est ralentie.

Votre production de **mélatonine** et votre **sommeil** sont perturbés.

Vous augmentez votre risque d'**ostéoporose**.

Votre **moral** est au plus bas.

LE COIN ALIMENTATION

Pour éviter d'exacerber les méfaits du stress, vous devez réussir à **contrôler votre glycémie** tout en prenant soin de **nourrir vos glandes surrénales**.

Il vous faudra donc **suivre tous mes conseils énoncés pour le premier profil de l'hypoglycémie**, puisque vous serez confronté·e au même problème.

En plus de ces conseils, votre objectif principal sera ici de **diversifier le plus possible votre alimentation** afin d'augmenter vos **apports en nutriments importants** dont le stress vous prive.

Si tous les nutriments sont importants, vous ferez particulièrement attention à vos apports en:

1. Magnésium

Le magnésium est nécessaire à plus de 300 réactions biochimiques dont certaines nous intéressent tout particulièrement dans le cas du sevrage du sucre :

- Il permet une meilleure adaptation au stress et aide à lutter contre l'anxiété[53] ;
- Il favorise le relâchement musculaire ;
- Il soulage les migraines[54] ;
- Il est efficace contre les troubles dépressifs[55] ;
- Il module les récepteurs à insuline et empêche l'augmentation du cortisol.

Il faut le voir comme un **calmant naturel**. Pourtant, en France, on estime qu'une femme sur quatre et un homme sur six en manquent. Le stress est l'un des principaux facteurs de déficience en magnésium, car il augmente sa perte urinaire. Le manque de magnésium rend par ailleurs plus sensible au stress ; c'est un véritable **cercle vicieux** auquel vous devez faire attention. Autre point intéressant : le magnésium **améliore la glycémie** chez les personnes sujettes aux hyperglycémies ou atteintes de diabète de type 2[56].

Dans l'alimentation, le magnésium se trouve dans différentes sources :

- Le cacao (surtout dans sa version crue) ;
- Les poissons gras, comme les sardines et les fruits de mer (bigorneaux, bulots, huîtres, etc.) ;
- Les fruits secs (banane séchée, figues, dattes) ;
- Les oléagineux (noix de cajou, amandes, etc.) ;
- Les légumineuses (haricots blancs) ;
- Les céréales complètes (germe de blé, sarrasin, avoine, etc.) ;
- Les eaux minérales dites magnésiennes (Rozanna, Hépar, Quézac, etc.) ;
- Les légumes verts, en plus petite quantité (épinards).

Néanmoins, de nombreux éléments perturbateurs viennent empêcher sa bonne absorption :

- L'acide oxalique des légumes à feuilles vertes ;
- L'excès de calcium, de phosphates des produits laitiers ;
- L'acide phytique des céréales complètes ;
- L'alcool et les boissons riches en caféine ;
- Les graisses du chocolat, qui forment des savons avec le cacao.

53. Boyle N. B., Lawton C. L., Dye L., "The effects of magnesium supplementation on subjective anxiety", *Magnes Res*, 2016 Mar 1 ; 29(3):120-125. English. doi: 10.1684/mrh.2016.0411. PMID: 27869100.
54. Dolati S., Rikhtegar R., Mehdizadeh A., Yousefi M., "The role of magnesium in pathophysiology and migraine treatment", *Biol Trace Elem Res*, 2020 Aug ; 196(2):375-383. doi: 10.1007/s12011-019-01931-z. Epub 2019 Nov 5. PMID: 31691193.
55. Serefko A., Szopa A., Poleszak E., "Magnesium and depression", *Magnes Res*, 2016 Mar 1 ; 29(3):112-119. doi: 10.1684/mrh.2016.0407. PMID: 27910808.
56. Veronese N., Watutantrige-Fernando S., Luchini C., Solmi M., Sartore G., Sergi G., Manzato E., Barbagallo M., Maggi S., Stubbs B., "Effect of magnesium supplementation on glucose metabolism in people with or at risk of diabetes: a systematic review and meta-analysis of double-blind randomized controlled trials", *Eur J Clin Nutr*, 2016 Dec ; 70(12):1354-1359. doi: 10.1038/ejcn.2016.154. Epub 2016 Aug 17. Erratum in: *Eur J Clin Nutr*, 2016 Dec ; 70(12):1463. PMID: 27530471.

AVEZ-VOUS PENSÉ À L'ORTIE ?

L'ortie est un superaliment qui a plus d'une corde à son arc ; 20 g d'ortie infusée dans 1 l d'eau vous apporteront jusqu'à 200 mg de magnésium bien assimilé. Vous pouvez aussi préparer une version concentrée en faisant infuser deux ou trois cuillerées à soupe d'ortie et la verser dans une bouteille isotherme, à laisser reposer une nuit. À boire tout au long de la journée pour espacer les prises de magnésium.

QUELS BESOINS JOURNALIERS EN MAGNÉSIUM ?

De 300 à 350 mg

450 mg

De 100 à 250 mg

Ces besoins augmentent en fonction de votre niveau de stress et de votre activité sportive.

Une supplémentation devra être envisagée pour toutes les personnes de ce profil, étant donné que vous êtes sujet·te à un stress intense et/ou chronique.

2. Vitamines B

Les vitamines B sont un groupe de huit vitamines aux fonctions suivantes :

- Elles produisent de l'énergie et contribuent à un système nerveux sain ;
- Des recherches récentes ont montré leur intérêt prometteur dans la lutte contre l'anxiété et les troubles de l'humeur[57] ;
- Elles permettent une meilleure synthèse de la sérotonine[58] ;
- Elles améliorent l'absorption du magnésium.

Si l'on voulait faire compliqué, on pourrait dire que les vitamines du groupe B entraînent une **diminution de l'homocystéine**, un acide aminé soufré et potentiellement pro-inflammatoire dérivé de la méthionine (l'un des neuf acides aminés essentiels que le corps humain ne peut pas produire), dont l'excès est toxique pour les cellules nerveuses. Or des niveaux élevés d'homocystéine sont associés au **stress** et à un risque accru de **maladies**.

Si l'on veut faire simple, on peut tout simplement en tirer que les vitamines B sont primordiales pour notre équilibre émotionnel et notre santé globale.

Les céréales complètes, les légumineuses, les légumes, la levure de bière, le riz brun, les oléagineux et les graines, les viandes, les poissons et les crustacés en contiennent en quantités variables. Là encore, une **alimentation diversifiée et équilibrée** suffit normalement à combler les besoins, mais tout cela dépend de votre hygiène de vie et de votre niveau de stress.

57. Field D. T., Cracknell R. O., Eastwood J. R., Scarfe P., Williams C. M., Zheng Y., Tavassoli T., "High-dose Vitamin B6 supplementation reduces anxiety and strengthens visual surround suppression", *Hum Psychopharmacol*, 2022 Nov;37(6):e2852. doi: 10.1002/hup.2852. Epub 2022 Jul 19. PMID: 35851507; PMCID: PMC9787829.
58. "Cognitive function in brief", Oregon State University. This link leads to a website provided by the Linus Pauling Institute at Oregon State University. Lucile is not affiliated or endorsed by the Linus Pauling Institute or Oregon State University.

LES SOURCES DE VITAMINES B

VITAMINE B1	VITAMINE B2	VITAMINE B3	VITAMINE B5	VITAMINE B6	VITAMINE B7	VITAMINE B8	VITAMINE B9	VITAMINE B12
Thiamine	Riboflavine	Niacine	Acide pantothénique	Pyridoxine	Inositol	Biotine	Acide folique	Cobalamine
Germe de blé								Œufs
Céréales complètes	Levure alimentaire			Pollen				Poisson
Purée de sésame	Œufs	Pollen		Levure alimentaire				Huîtres
Levure alimentaire	Fromage de chèvre	Foie	Champignons séchés	Saumon	Sarrasin	Avocat	Haricots blancs	Foie
Noix de macadamia	Shiitaké	Thon	Graines de tournesol	Son de riz	Noix	Œufs (jaune)	Brocoli	Viande
Pollen	Algues	Cacahuète	Saumon	Pomme de terre	Petits pois	Huîtres	Épinard	Produits laitiers

3. Oméga 3

Les oméga 3 sont **un type d'acides gras** qui :

- Agissent contre l'anxiété en régulant les neurotransmetteurs[59] ;
- Aident à faire chuter le cortisol et l'adrénaline[60] ;
- Protègent l'organisme contre l'inflammation[61], or le stress accroît l'inflammation ;
- Aident à diminuer les symptômes dépressifs[62, 63] ;

L'alimentation végétale en regorge (sous une forme particulière nommée ALA qu'il est intéressant de consommer tous les jours) :

- Noix en cerneaux ;
- Graines de chia (à réhydrater), graines de lin (à mixer), graines de Chanvre **Force Ultra Nature** (décortiquées) ;
- Huile de colza, lin, chanvre, perilla, cameline, inca inchi.

LE CONSEIL DE LUCILE
Les graines de Chanvre **Force Ultra Nature** sont le réflexe santé pour parsemer vos salades en raison de leur richesse en bons gras et en protéines.

Essayez d'intégrer entre 25 et 30 g de ces noix ou graines (soit une bonne poignée) ainsi qu'une ou deux cuillerées à soupe d'une huile riche en oméga 3 chaque jour.

N'hésitez pas à consommer également chaque semaine des **petits poissons gras**, comme les sardines, les harengs et les maquereaux, qui contiennent d'autres formes d'oméga 3 (nommées EPA et DHA). Ils sont moins contaminés que les gros poissons prédateurs, comme le saumon et le thon. Si vous n'en consommez pas, envisagez alors une prise de compléments.

Privilégiez aussi les **œufs labellisés Bleu-Blanc-Cœur** en France dont les poules sont nourries aux graines de lin. Le jaune sera ainsi de bien meilleure qualité lipidique.

59. Kiecolt-Glaser J. K., Belury M. A., Andridge R., Malarkey W. B., Glaser R., "Omega-3 supplementation lowers inflammation and anxiety in medical students: a randomized controlled trial", *Brain Behav Immun*, 2011 Nov ; 25(8):1725-34. doi: 10.1016/j.bbi.2011.07.229. Epub 2011 Jul 19. PMID: 21784145; PMCID: PMC3191260.
60. Madison A. A., Belury M. A., Andridge R., Renna M. E., Rosie Shrout M., Malarkey W. B., Lin J., Epel E. S., Kiecolt-Glaser J. K., "Omega-3 supplementation and stress reactivity of cellular aging biomarkers: an ancillary substudy of a randomized, controlled trial in midlife adults", *Mol Psychiatry*, 2021 Jul ; 26(7):3034-3042. doi: 10.1038/s41380-021-01077-2. Epub 2021 Apr 20. PMID: 33875799; PMCID: PMC8510994.
61. Simopoulos A. P., "Omega-3 fatty acids in inflammation and autoimmune diseases", *J Am Coll Nutr*, 2002 Dec ; 21(6):495-505. doi: 10.1080/07315724.2002.10719248. PMID: 12480795.
62. Stoll L., Severus E., Freeman M. P., Rueter S., Zboyan H. A., Diamond E., Cress K. K., Marangell L. B., "Omega 3 fatty acids in bipolar disorders : a preliminary double-blind, placebo-controlled trial", *Arch Gen Psychiatry*, vol. 56, p. 407 412, 1999.
63. Nemets B., Staht Z., Belmaker R. H., "Addition of omega-3 fatty acid to maintenant medication treatment for recurrent unipolar depressive disorder", *Am Psychiatr Publ*, vol. 159, n° 3, p. 447-479, 2002.

PRÉCAUTIONS D'EMPLOI POUR LES HUILES RICHES EN OMÉGA 3

Les huiles riches en oméga 3 appartiennent à la famille des acides gras polyinsaturés et sont très fragiles. Si elles s'oxydent, elles ne seront plus bénéfiques pour votre santé. Pour cette raison, je vous conseille de :

- Toujours les acheter dans de petits formats pour les consommer rapidement ;
- Ne jamais les faire cuire ;
- Les utiliser uniquement sur vos plats froids (crudités, salades, etc.) ;
- Les conserver au réfrigérateur après ouverture.

4. Tryptophane

Pour bien comprendre pourquoi le **tryptophane** est important dans votre cas, il faut savoir ce qu'est un **neurotransmetteur**. Les neurotransmetteurs sont des messagers pour nos neurones.

Ils sont en grande partie produits grâce à des **acides aminés** que l'on retrouve dans les aliments. Grâce à ces neurotransmetteurs et en fonction de ce que nous mettons dans notre assiette, notre alimentation a le pouvoir d'**influencer** notre moral, notre fatigue, notre motivation ou notre concentration.

Le **tryptophane** est justement un acide aminé qui, une fois ingéré, nous permet de synthétiser de la **sérotonine**. Cette dernière joue un rôle important dans l'**apaisement** et la **préparation au sommeil**, puisqu'elle est précurseur de la **mélatonine**, l'hormone du sommeil. Elle aide à **réguler l'appétit** et à maîtriser les **pulsions alimentaires**, et c'est pour cette raison précise qu'elle nous intéresse ici.

Pour faire simple, si vous mangez des aliments qui contiennent du tryptophane, vous mettez plus de chance de votre côté d'être **davantage serein·e et moins stressé·e**, et bénéficierez en prime d'un **sommeil plus réparateur** !

LES SYMPTÔMES D'UNE CARENCE EN SÉROTONINE

Réveils nocturnes

Fringales de sucre, surtout à partir de 17 heures

Épisodes de **déprime**

Périodes d'**agressivité**

Pulsions de grosses quantités alimentaires

Pour que votre organisme produise suffisamment de sérotonine, pensez à :

- Consommer suffisamment de **protéines** au petit déjeuner et au déjeuner ;
- Manger **à dominante végétalienne le soir**, sans protéines animales, car ces dernières bloquent le passage du tryptophane jusqu'au cerveau ;
- Snacker une **source de glucides** vers 17 heures, si vous avez faim bien sûr ;
- Intégrer une **activité physique, voire sportive** chaque jour. Pour le sport, jamais le soir, seulement durant la journée ;
- **Manger bio** ; les pesticides pourraient en effet avoir un impact négatif sur votre production de sérotonine[64].

LES ALIMENTS LES PLUS RICHES EN TRYPTOPHANE

	TENEUR MOYENNE EN TRYPTOPHANE POUR 100 G
Spiruline	929 mg
Pois cassés	765 mg
Graines de chia	752 mg
Noix	709 mg
Morue	704 mg
Graines de courge	578 mg
Parmesan	518 mg
Soja rôti	512 mg
Cacahuète	507 mg
Noix de cajou	450 mg
Chèvre	403 mg
Emmental	401 mg
Œufs	400 mg
Escalope de veau	375 mg
Lait entier	370 mg
Avoine	335 mg

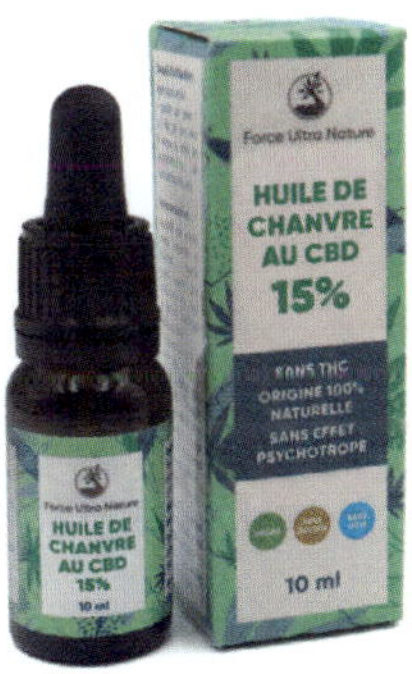

CONNAISSEZ-VOUS L'HUILE DE CHANVRE AU CBD ?

On en entend parler seulement depuis quelques années, et pourtant il existe depuis des millénaires.

Reconnu pour ses propriétés apaisantes et anti-inflammatoires, le chanvre est l'allié des personnes stressées. L'huile de Chanvre CBD 15 % **Force Ultra Nature** aidera votre organisme à se relaxer, à mieux dormir et à diminuer les douleurs articulaires ou musculaires. Elle est bien entendu garantie sans THC.

Le cas de la caféine

La caféine est un grand élément perturbateur des profils stressés. Cette dernière aggrave les symptômes provoqués par une hypoglycémie tels que :

- Fatigue ;
- Nervosité ;
- Irritation ;
- Irritabilité ;
- Insomnie ;
- Instabilité.

64. Thany S. H., Reynier P., Lenaers G., "Neurotoxicité des pesticides : quel impact sur les maladies neurodégénératives ?", *Med Sci* (Paris), 2013 ; 29: 273-278.

Il faut comprendre que la caféine, comme tous les excitants de la famille des **méthylxanthines** (théine du thé, théobromine du chocolat, théophylline du maté, guaranine du guarana, etc.) ne nous donne pas d'énergie, mais provoque une « **dette énergétique** » en forçant nos glandes surrénales à puiser dans nos réserves.

Elle nous donne l'impression d'être plus concentré·e, réveillé·e, boosté·e, mais cette sensation est de courte durée et laisse place à un **coup de fatigue qui nous pousse à** :

- Reprendre une tasse de café ;
- Nous tourner vers le sucre.

C'est un autre **cercle vicieux** !

La caféine stimule par ailleurs la **production de cortisol**, rendant sa consommation doublement problématique, puisque l'on boit souvent sa boisson caféinée ou théinée au petit déjeuner, au moment où la **production de cortisol est naturellement élevée** (en effet, l'une des fonctions du cortisol est de vous aider à vous lever et à commencer vos activités).

La caféine a également un impact sur la glycémie, étant donné qu'elle peut l'augmenter. Cela pourrait s'expliquer par la libération d'adrénaline provoquée par la caféine, augmentant ainsi le taux de sucre dans le sang. Cet effet hyperglycémiant est en prime aggravé lorsque le café est pris au petit déjeuner[65].

En conclusion, il vaut mieux:

- Attendre le milieu de matinée pour prendre son café, d'autant plus qu'il favorise la fuite urinaire du **magnésium** et du **calcium**, des minéraux que l'on retrouve facilement dans les petits déjeuners équilibrés ;
- Limiter le plus possible sa consommation de **boissons excitantes**, quitte à instaurer un sevrage en douceur en diminuant progressivement la dose (par exemple, un café de moins par semaine) ;
- Se tourner vers le **thé vert**, moins riche en caféine et qui, grâce à sa teneur en L-théanine, stimule plus en douceur et dans la durée ;
- Tester les **alternatives au café**, comme la chicorée ou le café d'orge.

65. Smith H., Hengist A., Thomas J., Walhin J., Heath P., Perkin O., Betts J., "Glucose control upon waking is unaffected by hourly sleep fragmentation during the night, but is impaired by morning caffeinated coffee", *British Journal of Nutrition*, 2020, 124(10), 1114-1120. doi:10.1017/S0007114520001865

OÙ TROUVE-T-ON DE LA CAFÉINE ?

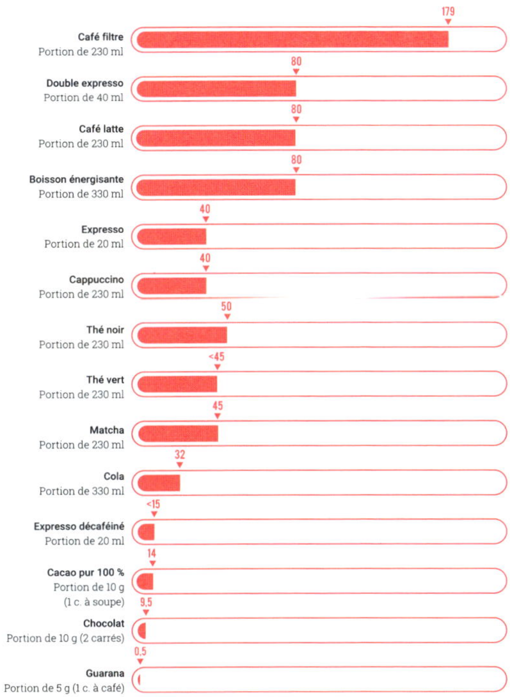

À noter que la teneur en caféine de votre café varie selon :

- Le **temps d'infusion** : plus le temps est long, plus le café contiendra de la caféine ;
- Le **degré de température de l'eau** : plus la température de l'eau servant à l'infusion sera élevée, plus le café sera caféiné ;
- Le **type de grains de café**, qui change en fonction de la variété. Le café robusta contient deux fois plus de caféine que le café arabica ;
- Le **type de machine à café utilisé** : la cafetière filtre laisse passer plus de caféine que la cafetière à piston, qui elle-même laisse passer plus de caféine que la machine à grains ;
- Le **type de mouture** : plus le café est moulu finement, plus la quantité de caféine est élevée.

LE SUCRE ET L'ACNÉ : UNE VÉRITABLE HISTOIRE D'AMOUR

Bonne nouvelle ! Les problèmes de peau pourront diminuer durant votre sevrage. Le sucre provoque en effet une plus grande production d'insuline. Cette importante production d'insuline favorise la sécrétion d'une hormone, l'**IGF-1**. Or cette hormone est un facteur de croissance favorisant la surproduction de **cellules mortes** qui finiront par **boucher les pores**. Et ce n'est pas tout : ce climat est favorable à la production d'**androgènes**, qui renforceront elles aussi le phénomène acnéique.

ET SI JE CHERCHE UN COMPLÉMENT?

Les **adaptogènes** sont les alliés des personnes stressées grâce à leur capacité à soutenir l'organisme face aux situations de stress, qu'il soit physique ou psychologique. Soyez simplement patient·e et donnez-leur le temps d'agir.

Si le stress vous donne:

- **Une fatigue physique: l'ashwagandha**[66]
  Aussi appelé ginseng indien pour ses propriétés similaires, l'ashwagandha est une plante utilisée depuis des milliers d'années dans la médecine ayurvédique. Ses principes actifs, les **withanolides**, ont une action directe sur le cortisol. Sa polyvalence le rend unique : il est en effet à la fois **fortifiant**, énergisant, tout en étant **calmant**. Vous pouvez donc le prendre le matin pour vous donner de l'**énergie**, mais aussi le soir pour favoriser le **sommeil**.

  Conseils d'utilisation: une gélule le matin et une le soir (dosage compris entre 800 et 1 600 mg/jour) ou suivant les recommandations de votre praticien.

  → En cure préventive : de 30 à 40 jours, renouvelable après dix jours d'arrêt. D'une à quatre fois dans l'année suivant les besoins et l'âge.

  → En cure active : durant trois mois en continu.

- **Une fatigue mentale: la rhodiola rosea**[67]
  Il s'agit d'un autre adaptogène prometteur et riche en antioxydants qui protège l'organisme des méfaits du stress, et particulièrement du stress mental, en cas d'examens, de réunions importantes, de deadlines au travail, par exemple. L'expérience suggère que ses principes actifs (rosavine et salidrosides) aident à soulager les maux de tête liés au stress et la fatigue mentale.

  Conseils d'utilisation: une gélule le matin et une le midi (entre 400 et 700 mg/jour), à jeun ou avant les repas. À éviter en soirée, car elle est tonifiante.

  → En cure préventive : trois semaines, renouvelable après 15 jours d'arrêt. D'une à quatre fois dans l'année suivant les besoins et l'âge.

66 Contre-indications : hyperthyroïdie, femmes enceintes et allaitantes. Demandez conseil à votre thérapeute pour une prise en charge personnalisée.
67. Contre-indications : enfants et femmes enceintes et allaitantes. Elle peut s'utiliser en cas d'anxiolytiques ou d'antidépresseurs – demandez toujours conseil à votre médecin.

→ En cure d'attaque : trois semaines également, avec un dosage autour des 700 mg.

- **Une humeur déprimée: le griffonia**
  Cet autre adaptogène se révèle particulièrement utile contre le stress du fait de sa capacité à aider votre organisme à refaire le plein de sérotonine grâce à sa teneur en 5-HTP[68] (hydroxytryptophane). Rappelez-vous : le manque de sérotonine, l'« hormone du bonheur », vous donne envie de sucre, et particulièrement en fin d'après-midi. En cas de stress, la production de sérotonine est ralentie et conduit à une baisse de moral et à ces compulsions sucrées.

  Conseils d'utilisation: une ou deux gélules par jour, en milieu d'après-midi si vous avez tendance à ressentir des fringales de fin de journée, ou lors du repas du soir en cas de difficultés d'endormissement.

  → En cure de 30 jours à renouveler si besoin après une pause de dix jours.

Bien évidemment, le **magnésium** sera un autre indispensable en complémentation anti-stress, puisque, comme évoqué précédemment, le stress augmente les pertes en magnésium et le manque de magnésium augmente le stress. La complémentation en magnésium permettra de lutter contre l'**anxiété** et de moduler les **récepteurs à l'insuline**.

Attention : le magnésium **s'assimilant en petite quantité**, il sera nécessaire de fractionner les prises tout au long de la journée.

Conseils d'utilisation: 350 mg par jour en veillant à choisir des formes assimilables. En cas de fort stress, ces apports peuvent être augmentés ;
n'hésitez pas à en parler avec votre thérapeute.

ET SI JE PRÉFÈRE M'AIDER DES PLANTES?

- **L'huile essentielle d'épinette noire**[69] apportera du réconfort aux personnes stressées et un coup de boost aux personnes fatiguées.

  Conseil d'utilisation: trois gouttes à mélanger à une cuillerée à café d'huile végétale et à masser sur le plexus solaire ou les surrénales.

- **L'huile essentielle de petit grain bigarade**[70] est la référence lorsqu'il s'agit de lutter contre le stress.

  Conseils d'utilisation: versez une petite goutte pure sur les poignets et inhalez profondément, trois fois par jour, jusqu'à amélioration. Faites une petite pause après trois semaines d'utilisation.

68. Birdsall T. C., "5-Hydroxytryptophan: a clinically-effective serotonin precursor", *Altern Med Rev*, 1998 Aug ; 3(4):271-80. PMID: 9727088.
69. Contre-indications : femmes enceintes et allaitantes, enfants de moins de 6 ans. Les personnes sous traitement pour des problèmes thyroïdiens ainsi que les personnes asthmatiques et épileptiques doivent demander un avis médical avant utilisation.
70. Contre-indications : bébés et femmes enceintes de moins de 3 mois. Les personnes asthmatiques doivent demander conseil à leur médecin avant de l'utiliser.

EN BONUS

- **Pratiquez la cohérence cardiaque** et tenez-vous-y (au moins le temps du sevrage) ! La cohérence cardiaque est une méthode de gestion de stress qui consiste à contrôler sa **respiration** afin de réguler son **système nerveux autonome**, celui associé au stress. Elle permet de **synchroniser** son rythme cardiaque avec son rythme respiratoire. Des applications gratuites existent et vous guident pendant cinq minutes. À répéter si possible **trois fois dans la journée**, si possible avant le repas pour vous aider à couper de votre rythme effréné et à manger davantage en conscience.
- **Pratiquez du sport, mais pas n'importe lequel :** à l'ère de la minceur, les sports à la mode sont très agressifs et encore plus stressants pour l'organisme (HIIT, crossfit, cardio intense, etc.) Or ces sports ne correspondent pas à votre profil et ne feront qu'accentuer les dégâts : ils ont même tendance à faire grimper la glycémie, puisqu'ils produisent de l'adrénaline et du cortisol. Soyez bienveillant·e avec vous-même et pratiquez plutôt des sports doux : yoga, Pilates, renforcement musculaire doux. Pensez également à marcher : la marche a de nombreux intérêts bien-être et santé que l'on néglige trop souvent.

AVEZ-VOUS TESTÉ LA MACA[71] ?

Figure phare de la belle famille des superaliments, la maca est une plante péruvienne qui ne pousse qu'en altitude. Grâce à ses effets favorables sur l'énergie et l'humeur, elle pourrait, d'après les études[72], contribuer à réduire l'anxiété et améliorer le tonus. Elle sera donc particulièrement adaptée aux personnes affaiblies, fatiguées ou en manque de vitalité. Laissez-vous tenter par la version en poudre pour profiter de son goût gourmand, idéalement au petit déjeuner.

LE CONSEIL DE LUCILE
J'adore le goût de la maca, que je mélange avec du lait de coco et du cacao, pour une boisson délicieuse et énergisante.

ALLEZ MARCHER APRÈS VOTRE REPAS POUR FAIRE BAISSER VOTRE GLYCÉMIE !

Puisque après votre repas, votre taux de sucre sanguin augmente, profitez-en pour utiliser ce sucre et allez vous promener ! En effet, pendant cette période postprandiale (d'après-repas), le glucose ingéré est utilisé comme principal carburant, car c'est lui que l'on retrouve en abondance dans le sang 30 à 90 minutes après le repas. Alors chaussez vos baskets et partez marcher, ne serait-ce que 15 minutes[73]. Une bonne façon d'éviter le stockage et d'utiliser son énergie à bon escient.

71. Contre-indications : déconseillé aux femmes enceintes et allaitantes, et aux enfants de moins de 15 ans. Tenir hors de portée des jeunes enfants.
72. Gonzales G. F., Gonzales C., Gonzales-Castañeda C., "Lepidium meyenii (Maca): a plant from the highlands of Peru--from tradition to science", *Forsch Komplementmed*, 2009 Dec ; 16(6):373-80. doi: 10.1159/000264618. Epub 2009 Dec 16. PMID: 20090350.
73. DiPietro L., Gribok A., Stevens M. S., Hamm L. F., Rumpler W., "Three 15-min bouts of moderate postmeal walking significantly improves 24-h glycemic control in older people at risk for impaired glucose tolerance", *Diabetes Care*, 2013 Oct ; 36(10):3262-8. doi: 10.2337/dc13-0084. Epub 2013 Jun 11. PMID: 23761134 ; PMCID: PMC3781561.

3. POUR LA SUGAR BABE HORMONALE

Les hormones sont des **messagers** dont l'impact est crucial pour l'organisme. Un petit dérèglement et s'ensuit une **cascade de symptômes** divers et variés, et parfois pas très sympathiques pour nous : ajout de stress, moral en berne et, puisque le moral est en berne, l'envie de sucre se fait davantage ressentir…

Objectifs:

- Là aussi, apporter de la sérotonine, l'hormone du bien-être ;
- Rééquilibrer les hormones ;
- Lutter contre l'inflammation.

Pour prendre soin de votre système endocrinien, il sera tout aussi intéressant de suivre les conseils donnés pour les deux profils précédents, en contrôlant votre IG et en faisant le plein de micronutriments. La source des dérèglements hormonaux peut aussi être liée à une inflammation chronique. Suivre les principes d'une **alimentation anti-inflammatoire** sera donc idéal pour ce type de profil.

Qu'est-ce qu'une inflammation?

En temps normal, l'inflammation est un processus tout à fait **sain**. Prenons l'exemple d'une coupure. En cas de coupure, des micro-organismes (des bactéries, par exemple) peuvent franchir la barrière protectrice de la peau. Commence alors une **réaction inflammatoire**. Ce processus entièrement naturel et nous permet de nous défendre et de nous guérir.

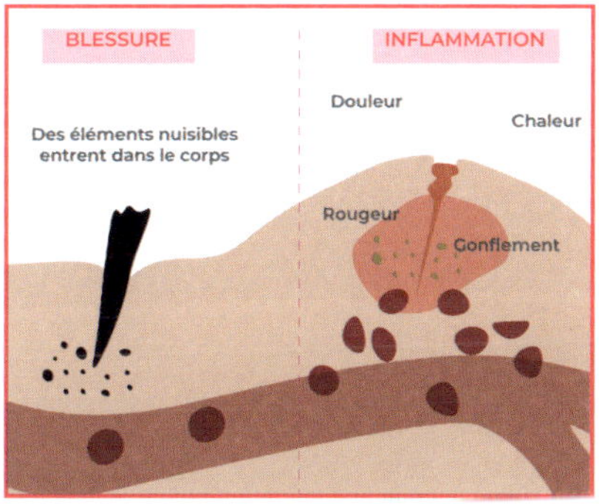

Face à cette coupure, l'organisme réagit avec un afflux de sang plus important dans la zone concernée. Résultat : douleur, rougeur, chaleur et œdème, qui ouvrent la voie de la guérison.

Face à ce dommage, le corps fera tout pour se protéger en produisant par exemple davantage de cellules immunitaires et de cytokines, des petits messagers de l'inflammation, pour revenir en quelque temps à une situation normale. C'est ce que l'on appelle l'**inflammation aiguë**.

Une inflammation aiguë est une inflammation normale :

- Elle est **immédiate**, en réponse à une agression (blessure, infection, molécule toxique) ;
- Elle se **résout** rapidement ;
- Elle se conclut par la **réparation** du tissu lésé (cicatrisation ou régénération).

Cette inflammation est donc **nécessaire**, car elle permet de protéger et de réparer rapidement un tissu. Surtout, elle est ponctuelle et d'une durée limitée ; elle ne crée pas de dommages à long terme.

Malheureusement, il arrive que cette réaction inflammatoire ne s'arrête pas et ne se résolve pas.

Dans ce cas, l'organisme n'arrive plus à la contrôler, et l'inflammation devient alors chronique.

On parle aussi d'**inflammation de bas grade**, une inflammation silencieuse qu'on ne ressent pas, mais qui est bien présente. Cette inflammation se généralise dans tout le corps et **perdure** dans le temps avec des **effets importants sur la santé** :

D'OÙ VIENT CETTE INFLAMMATION CHRONIQUE ?

- Elle augmente en effet les taux de radicaux libres (ces molécules qui viennent « rouiller » notre organisme) et par conséquent l'**oxydation du corps** ;
- Elle favorise la **dégénérescence des cellules et des tissus**, comme les articulations, les parois des vaisseaux ou encore le pancréas ;
- Elle entraîne, à la longue, une **baisse des défenses immunitaires**, et bien sûr divers problèmes de santé, comme des **dérèglements hormonaux** (SOPK, endométriose et autres troubles du cycle).

Le coin alimentation

Vos repas ont un impact qui dépasse le simple rôle gustatif et qui ont une réelle répercussion sur vos niveaux d'inflammation. En effet, en fonction de ce que vous mettez dans votre assiette, vous avez le pouvoir de **combattre ou d'entretenir l'inflammation**, alors voici quelques règles intéressantes à suivre :

- **Diminuez les aliments pro-inflammatoires:** certains aliments sont de grands vecteurs d'inflammation et, malheureusement, ils sont souvent **omniprésents** dans notre vie quotidienne occidentale. Manger ces aliments pro-inflammatoires augmenterait ainsi les risques d'**incidents cardio-vasculaires** de 46 % et les **risques d'AVC** de 28 %[74] ! Ce sont en plus, pour la plupart, des aliments très **caloriques** qui favorisent la **prise de poids**, elle-même génératrice d'inflammation, puisque les adipocytes (cellules du tissu graisseux) fabriquent des médiateurs inflammatoires (tels que le TNF-alpha).

74. Li J., Lee D. H., Hu J., Tabung F. K., Li Y., Bhupathiraju S. N., Rimm E. B., Rexrode K. M, Manson J. E., Willett W. C., Giovannucci E. L., Hu F. B., "Dietary Inflammatory Potential and Risk of Cardiovascular Disease Among Men and Women in the U.S.", *J Am Coll Cardiol*, 2020 Nov, 76 (19) 2181-2193

Que doit-on diminuer?

– Les **produits sucrés et à IG élevé**, qui provoquent, comme vu plus haut, une hausse soudaine et intense du glucose dans le sang;
– Les **produits ultra-transformés**: leurs additifs déséquilibrent la flore intestinale; les graisses employées sont de mauvaise qualité et souvent oxydées et donc oxydantes pour l'organisme; leur teneur en sucres est presque toujours élevée, et leur apport en vitamines et minéraux très faible. On parle d'ailleurs de calories vides: ces dernières n'ont aucune valeur nutritionnelle intéressante pour la santé, mais sont denses en énergie et contraignent l'organisme de travailler davantage;
– Les **céréales modernes**: blé, orge, seigle, avoine, et dérivés. Elles peuvent favoriser la perméabilité intestinale en cas de terrain sensible, et perturber le système immunitaire par la même occasion, puisqu'il est en majorité logé dans le microbiote. Ces céréales ont été obtenues par transplantation, sélection, modification génétique ou hybridation. Plus riches en gluten et moins digestes, elles sont souvent consommées non bio et raffinées;
– Les **produits laitiers**, riches en molécules inflammatoires (acide arachidonique, leucine par exemple), et en caséine, une protéine du lait hautement sensibilisante chez la plupart des personnes. Les produits laitiers d'aujourd'hui sont majoritairement pasteurisés, et donc appauvris en probiotiques et en enzymes, ce qui modifie l'assimilation du calcium et les rend moins digestes;
– Les **produits traités riches en polluants divers** (pesticides, métaux lourds), qui entraînent une neuro-inflammation et dont le lien avec certaines maladies (Parkinson, cancer du système lymphatique, endométriose) a été de nouveau confirmé par des experts mandatés de l'Inserm (Institut national de la santé et de la recherche médicale)[75].

LES BIENFAITS PEU CONNUS DU MORINGA

Utilisé depuis des millénaires par la médecine ayurvédique, le moringa est une plante dotée de nombreux bénéfices santé! Très nutritives grâce à leur richesse en protéines, ses feuilles contiennent une quantité de vitamines et de minéraux à en faire pâlir les oranges, les carottes et les produits laitiers[76]. Elles sont également anti-inflammatoires[77] et très riches en antioxydants, qui permettent de lutter contre le stress oxydant[78]. Justement, ces antioxydants font du moringa une aide hypoglycémiante particulièrement intéressante: ils aident en effet à dégrader le glucose et à réduire le taux de sucre sanguin[79, 80], faisant ainsi du moringa un allié de vos repas pour la maîtrise de la glycémie postprandiale[81]. N'hésitez pas à parsemer vos assiettes de Moringa en poudre **Force Ultra Nature**!

75. Pesticides et santé – Nouvelles données (25/062021), Inserm.
76. Anwar F., Latif S., Ashraf M., Gilani A. H, "Moringa oleifera:a food plant with multiple medicinal uses", *Phytother Res*, 2007, 21: 17–25.
77. Alhakmani F., Kumar S., Khan S. A., "Estimation of total phenolic content, in-vitro antioxidant and anti–inflammatory activity of flowers of Moringa oleifera", *Asian Pac J Trop Biomed*, 2013, 3: 623–627
78. Sinha M., Das D. K., Bhattacharjee S., Majumdar S., Dey S., "Leaf extract of Moringa oleifera prevents ionizing radiation-induced oxidative stress in mice", *J Med Food*, 2011, 14(10):1167-72.
79. Mbikay M., "Therapeutic potential of Moringa oleifera leaves in chronic hyperglycemia and dyslipidemia: a review", *Front Pharmacol*, 2012, 3:24. doi:10.3389/fphar.2012.00024. eCollection 2012.
80. Kumari D. J., "Hypoglycemic effect of Moringa oleifera and Azadirachta indica in type-2 diabetes", *Bioscan*, 2010, 5:211-214.
81. Qui se produit après les repas.

- **Augmentez votre consommation de protéines végétales.** La viande occupe une place trop importante dans le quotidien de nombreuses personnes. Cela n'est pas sans poser des problèmes éthiques, écologiques mais aussi de santé publique, et c'est ce qui nous intéresse tout particulièrement dans le cas de l'inflammation :
  - Ces aliments sont riches en **fer**. Or le fer est pro-oxydant en excès et donc pro-inflammatoire ;
  - Les protéines animales font partie des aliments les plus **acidifiants** pour l'organisme. Or ce dernier ne peut fonctionner qu'en équilibre. En conséquence, le corps accumule davantage de déchets dans ses tissus, ce qui crée un terrain propice à l'inflammation chronique ;
  - Ils sont souvent riches en **oméga 6**. Cependant, l'excès d'oméga 6 dans notre alimentation est lui aussi pro-inflammatoire ;
  - Ils contiennent aussi davantage de **graisses saturées et d'acide arachidonique**, précurseur de prostaglandines, de puissants agents d'inflammation ;
  - Ils contiennent des quantités élevées d'**hormones** (IGF-1, par exemple) qui favorisent le vieillissement prématuré et le développement des cancers. La viande rouge est classée depuis 2015 comme **cancérogène probable** et les viandes transformées comme cancérogènes[82]. Selon l'Institut national du cancer, chaque portion de 100 g de viande rouge augmenterait de 29 % le risque de cancer colorectal ;
  - Ils sont fort pourvus en **leucine**, un acide aminé qui active la voie mTOR, un médiateur important de l'inflammation ;
  - Ils contiennent davantage de **polluants liposolubles** ;
  - Ils sont plus riches en **molécules de Maillard** du fait de leur cuisson trop forte la plupart du temps, aux effets carcinogènes.

L'INDICE PRAL

L'indice Pral est un outil qui évalue la charge acide ou alcaline générée dans l'organisme pour 100 g d'aliment. Plus le chiffre grimpe, plus l'aliment est acidifiant. Tous les aliments dont le chiffre est supérieur à 0 sont donc acidifiants. Par exemple, les viandes et les céréales sont acidifiantes, alors que la pomme de terre ou la châtaigne et les légumes sont basifiants.

82. Bouvard V., Loomis D., Guyton K. Z., Grosse Y., El Ghissassi F., Benbrahim-Tallaa L., Guha N., Mattock H., Straif K., "Cancérogénicité de la consommation de viande rouge et de viande transformée", Groupe de travail de la monographie, vol. 114 du Centre international de recherche sur le cancer, Lyon, 31/08/2016.

PAS BESOIN D'ARRÊTER COMPLÈTEMENT, MAIS RESTEZ DANS LA MESURE !

Les bons ratios à ne pas dépasser :

- Viande rouge : une fois par semaine ;
- Viande blanche : deux ou trois fois par semaine ;
- Poisson : privilégier les petits et gras, une ou deux fois par semaine ;
- Systématiquement 1 repas végé par jour, si possible le soir.

« Privilégiez les produits végétaux plutôt que les produits animaux dans un ratio calorique de 85 % minimum-15 % maximum, soit pas plus d'une calorie sur six d'origine animale. »

Anthony Fardet,
chargé de recherche en alimentation préventive et holistique à l'Inra de Clermont-Ferrand dans l'unité de nutrition humaine

Les alternatives végétales à toujours garder dans ses placards :

- **Légumineuses et pâtes de légumineuses :** pois chiches, lentilles, haricots secs, edamame ;
- **Céréales complètes et pâtes complètes :** petit épeautre, riz complet, pâtes complètes, etc. ;
- **Oléagineux :** amandes, noix, noisettes, etc. ;
- **Pseudo-céréales :** amarante, quinoa, sarrasin, teff, millet, etc. ;
- **Pâtes de pseudo-céréales :** pâtes de quinoa, nouilles soba, etc. ;
- **Produits à base de soja** (idéalement fermentés) : tofu nature, tofu lactofermenté, tempeh, natto, etc. ;
- **Aliments source de protéines :** spiruline, levure de bière, algues, miso, graines.

APPORTS DE PROTÉINES DANS LES VÉGÉTAUX

	TENEUR EN PROTÉINES POUR 100 G
Seitan (cuit)	26
Tempeh (cuit)	20
Amandes	20
Noix	20
Tofu	15
Lupin (cuit)	15
Lentilles corail (cuites)	19
Soja (graines cuites)	13
Sarrasin (cuit)	13
Fèves (cuites)	9
Haricots azuki (cuits)	9
Haricots rouges et noirs (cuits)	9
Lentilles vertes et noires (cuites)	9

- **Faites la part belle aux bonnes matières grasses.** Dans un monde où les dernières décennies ont présenté le gras comme le diable en personne, difficile de saisir l'importance des lipides. Pourtant, bien choisies, elles présentent plus d'un intérêt pour notre santé. Malheureusement, notre consommation actuelle n'est pas qualitative et entretient elle aussi le schéma infernal de l'inflammation :
  - **Graisses saturées :** beurre, crème, fromage, viandes grasses, etc. ;
  - **Graisses trans :** graisses hydrogénées, partiellement hydrogénées ;
  - **Graisses raffinées,** qui ne sont ni extraites ni pressées à froid.

C'est aussi particulièrement le cas des **graisses polyinsaturées**, et plus précisément de la famille des **oméga 6**. Avec les oméga 3, ces derniers **modulent l'inflammation** et le ratio entre ces deux familles est particulièrement important parce que, en fonction de sa hiérarchie, ce ratio peut accroître ou au contraire **combattre l'inflammation**. On considère que, pour un ratio idéal, il faudrait consommer maximum **trois ou quatre portions d'oméga 6 pour une portion d'oméga 3**. Or notre régime occidental nous fait plutôt consommer dix fois plus d'oméga 6 que d'oméga 3. En cause : les produits industriels et animaux que nous consommons en permanence.

- Les **oméga 6** sont les lipides que l'on retrouve en majorité dans les huiles de tournesol, de pépins de raisin, de maïs ainsi que dans les produits animaux issus de l'élevage industriel. Leur omniprésence dans notre alimentation les rend pro-inflammatoires ; il faut donc veiller à ne pas en abuser et à délaisser les produits alimentaires qui en sont riches ;
- Les **oméga 3**, quant à eux, sont ceux qui sont contenus dans les huiles et les graines de chia, de lin, de chanvre, de cameline ou de colza ainsi que dans les poissons gras. Ils sont également présents dans les produits animaux si ces animaux ont été élevés en pâture ou nourris aux graines de lin ou à la luzerne. Ce sont ces derniers qu'il faut favoriser dans notre assiette de manière quotidienne, car ils nous permettent de lutter contre cette inflammation. Malheureusement, nous en consommons peu ; il faut donc bien penser à en ajouter dans nos plats.

UNE HUILE RAFFINÉE, C'EST QUOI EXACTEMENT ?

Pour bien comprendre cette notion, il faut faire la distinction entre :

- Une **huile vierge**, qui a subi une extraction à froid ou un simple broyage. Elle conserve tous les micronutriments et ses acides gras n'ont pas été altérés. Elle garde aussi sa saveur et sa teinte naturelle ;
- Une **huile raffinée**, qui a subi une extraction qui requiert l'utilisation de solvants. Plusieurs étapes de transformation sont ici nécessaires et se font souvent à température élevée :
  - Neutralisation ;
  - Décoloration ;
  - Blanchiment ;
  - Désodorisation.

On obtient alors une huile parfaite pour les industriels, car elle se conserve plus longtemps, elle est inodore et incolore, et est débarrassée de certains composants nocifs (pesticides, métaux lourds, mycotoxines). Cependant :

- Elle a aussi perdu tous ses bénéfices nutritionnels : minéraux, vitamine E, polyphénols, caroténoïdes, etc. On estime cette déperdition entre 20 et 70 % ;
- Ses acides gras essentiels peuvent se dégrader (oméga 3, oméga 6) ;
- De nouveaux composés nocifs se forment.

Moralité : rien ne vaut une huile vierge !

5 RÈGLES À SUIVRE POUR ENTRETENIR UN RATIO OMÉGA 3-OMÉGA 6 ÉQUILIBRÉ :

1. **Reprenez le contrôle de votre assiette en cuisinant!** Vous diminuerez ainsi forcément vos apports en oméga 6, car on retrouve majoritairement ces derniers dans les produits alimentaires préparés et/ou cuisinés.
2. **Remplacez l'huile de tournesol par une huile de colza** (sans négliger votre consommation d'huile d'olive, qui devrait être votre huile de prédilection). Et, bien sûr, toujours extravierge !
3. **Consommez chaque jour des graines riches en oméga 3 :** lin (fraîchement moulu), chia (réhydraté) ou chanvre (décortiqué). Pensez aussi aux oléagineux riches en oméga 3, comme les noix en cerneaux.
4. **Pour les flexitariens, choisissez le plus possible vos œufs de filière oméga 3** (label Bleu-Blanc-Cœur en France) et consommez des petits poissons gras plusieurs fois par semaine (sardines, harengs, maquereaux, anchois).
5. **Si vous êtes végan·e ou végétalien·ne, complémentez-vous en oméga 3** pour augmenter vos apports en EPA/DHA, des oméga 3 que l'on ne trouve pas dans le monde végétal.

- **Invitez les antioxydants dans vos assiettes.** Une **alimentation anti-inflammatoire** prend soin de votre organisme en utilisant notamment des protecteurs naturels, comme les **antioxydants**. L'**oxydation** est un phénomène normal, mais qui peut être excessif en fonction de notre alimentation ou de notre mode de vie (tabac, pollution, UV, stress, alcool, etc.) et contribuer alors à « **rouiller** » l'organisme et les cellules. Ces derniers servent ainsi de **boucliers «anti-rouille»** en luttant contre les radicaux libres et vont permettre de :
  - Retarder le vieillissement cellulaire ;
  - Protéger vos yeux et votre vision ;
  - Lutter contre les effets de la pollution sur votre organisme (peau, cheveux, poumons) ;
  - Réguler le taux de cholestérol et de réduire le risque de maladies cardio-vasculaires ;
  - Et donc limiter l'inflammation.

Il existe de nombreuses familles d'antioxydants dont:

- Les vitamines : A, C, E ;
- Les minéraux et oligoéléments : zinc, sélénium, cuivre ;
- Les caroténoïdes, de couleurs jaune, orangé, vert ;
- Les polyphénols (flavonoïdes, anthocyanines).

Où trouve-t-on ces antioxydants?

Ces substances bénéfiques sont particulièrement présentes dans le monde végétal et dans les fruits et les légumes. Les épices, les herbes aromatiques, les thés, le café ou encore le cacao en sont de grands pourvoyeurs, et encore plus s'ils sont issus de l'agriculture biologique.

LES ALIMENTS LES PLUS ANTIOXYDANTS

	INDICE ORAC* POUR 100G		INDICE ORAC* POUR 100G
Clou de girofle	290283	Sauge	48504
Origan	200129	Poivre noir	27618
Cannelle moulue	131420	Thym	27426
Curcuma	127068	Chocolat noir >70%	20816
Baies d'açaï	102700	Noix de pécan	17940
Persil sec	74349	Artichaut cuit	9416
Cacao non sucré	55653	Baies de grenade	4479
Curry	48504		

*L'indice ORAC est une unité de mesure du potentiel antioxydant d'un aliment. Plus l'indice est élevé, plus l'aliment est antioxydant.

Pour être certain·e d'en manger suffisamment, invitez la couleur dans votre assiette et, si votre digestion vous le permet, essayez de consommer **au moins trois couleurs différentes** d'aliments à chaque repas.

Les couleurs correspondent en effet à des antioxydants précis qui ont démontré une relation probable avec la diminution du risque de certains cancers et maladies :

- Les **caroténoïdes** contre les risques du cancer de la bouche, du larynx, du pharynx et des poumons[83] ;
- Le **lycopène** contre les risques du cancer de la prostate[84] ;
- Les **anthocyanes,** qui ont un effet protecteur au niveau cardio-vasculaire[85] ;
- Les **flavones et les flavanols** pour lutter contre les maladies rénales[86] ;
- La **lutéine** en prévention contre la DMLA (dégénérescence maculaire liée à l'âge)[87] ;
- Les **flavanones des agrumes** contre les risques du cancer de l'œsophage[88].

83. *2nd rapport WCRF* (World Cancer Research Fund)/American Institute for Cancer Research AICR, 2007.
84. Ilic D., Forbes K. M., Hassed C., "Lycopene for the prevention of prostate cancer", *Cochrane Database of Systematic Reviews*, 2011, Issue 11. Art. No.: CD008007. doi: 10.1002/14651858.CD008007.pub2.
85. *Maladies cardiovasculaires : aide-mémoire*, Organisation mondiale de la santé (OMS), janvier 2015.
86. Vargas F., Romecín P., García-Guillén A. I., Wangesteen R., Vargas-Tendero P., Paredes M. D., Atucha N. M., García-Estañ J., "Flavonoids in Kidney Health and Disease", *Front Physiol*, 2018 Apr 24 ; 9:394. doi: 10.3389/fphys.2018.00394. PMID: 29740333; PMCID: PMC5928447.
87. Ma L., Lin X. M., "Effects of lutein and zeaxanthin on aspects of eye health", *J Sci Food Agric*, 2010 Jan 15 ; 90(1):2-12. doi: 10.1002/jsfa.3785. PMID: 20355006.
88. Rossi M., Garavello W., Talamini R., La Vecchia C., Franceschi S., Lagiou P., Zambon P., Dal Maso L., Bosetti C., Negri E., "Flavonoids and risk of squamous cell esophageal cancer", *Int J Cancer*, 2007 Apr 1 ; 120(7):1560-4. doi: 10.1002/ijc.22499. PMID: 17192901.

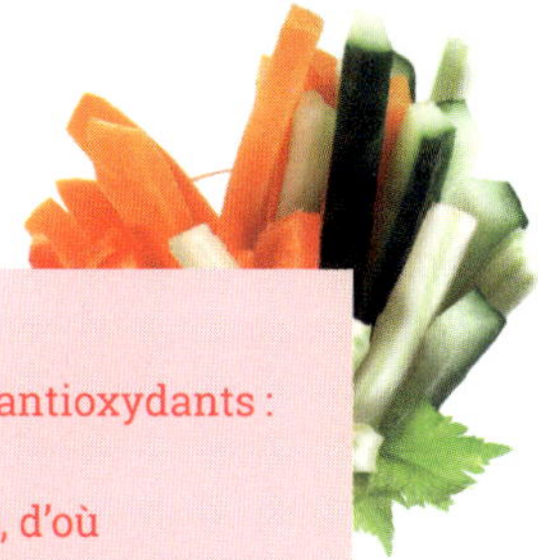

AUTRES CONSEILS

- **Faites cuire vos aliments de manière douce** pour préserver leurs précieux antioxydants : vive la vapeur et le mijoté !
- **Ne les épluchez pas**, car c'est surtout la peau qui est riche en antioxydants, d'où l'importance de les acheter bio.
- **Variez entre le cuit et le cru,** et soyez à l'écoute de votre organisme : tout le monde ne tolère pas le cru. Si vous observez une sensibilité, faites une pause, puis recommencez très doucement, en consommant de petites quantités, et une fois par jour seulement. Vous augmenterez progressivement la quantité.
- **Pensez à toujours avoir au congélateur des herbes aromatiques :** elles se décongèleront instantanément dans votre assiette et, en plus d'apporter du goût, elles vous permettront de diminuer votre quantité de sel tout en vous faisant profiter de leurs composés anti-inflammatoires.
- **Diversifiez vos apports** et changez d'aliment le plus possible. Souvenez-vous de ma règle des Twenty Healthy : au moins 20 aliments différents consommés chaque semaine. Et, croyez-moi, c'est plus dur qu'on ne le pense !
- **Pensez à intégrer dans votre quotidien des boissons antioxydantes,** comme le thé vert, le matcha, le rooibos ou encore le chaga.

- **Cuisinez hypotoxique.** Manger hypotoxique, comme son étymologie le laisse suggérer, consiste à limiter le plus possible les toxiques et les toxines. Si vous avez commencé votre sevrage de sucre, vous avez donc déjà mis de côté les produits laitiers, les céréales avec gluten et les produits raffinés.

  Il vous reste maintenant à :

  – **Manger bio et local** pour éviter autant que possible les contaminants issus de pesticides et autres agents chimiques. Leur concentration en métaux lourds y est en effet plus faible, comme le démontrait déjà en 2014 une grande analyse de l'université de Newcastle[89] : en moyenne 50 % de cadmium, 30 % de nitrate et 87 % de nitrite en moins que dans l'agriculture conventionnelle. Vous profiterez par la même occasion de leur teneur plus dense en micronutriments et en antioxydants. La même étude montrait d'ailleurs que leur concentration était jusqu'à 69 % plus élevée que les végétaux produits en agriculture conventionnelle. Les raisons de cette différence ne sont pas encore précisément connues, mais l'hypothèse la plus probante serait que les cultures bio, plus exposées à des attaques parasitaires, sont davantage amenées à se défendre. N'oublions pas que les végétaux n'ont pas de système immunitaire et que, en réaction à un environnement stressant, ils produisent leurs propres molécules de défense que sont... les antioxydants !

89. Barański M., Średnicka-Tober D., Volakakis N., Seal C., Sanderson R., Stewart G. B., Benbrook C., Biavati B., Markellou E., Giotis C., Gromadzka-Ostrowska J., Rembiałkowska E., Skwarło-Sońta K., Tahvonen R., Janovská D., Niggli U., Nicot P., Carlo L., "Higher antioxidant and lower cadmium concentrations and lower incidence of pesticide residues in organically grown crops: a systematic literature review and meta-analyses", 15 July 2014.

- **Cuisiner de manière saine**, sans dépasser les 110 °C pour éviter les molécules de Maillard et les glycotoxines, des protéines anormalement liées à des sucres (protéines glyquées) qui se forment quand les aliments sont soumis à de fortes températures. Les méthodes de cuisson à la vapeur douce, au bain-marie, à l'étouffée sont par conséquent à favoriser au détriment de celles au four, poêlées et grillades. Ces dernières génèrent en effet des substances nocives telles que l'acrylamide. Or une bonne partie de ces substances est absorbée par nos cellules intestinales, participant à cette inflammation silencieuse. Pas besoin de les supprimer totalement, mais gardez-les pour les repas festifs ;
- **Inviter le cru dans son assiette**, quand la digestion le permet, afin de profiter de ses bienfaits et de reposer son système immunitaire en évitant les phénomènes d'hyperleucocytose digestive ;
- **Utiliser les bonnes huiles avec les bonnes cuissons,** comme de l'huile de coco, de palme rouge ou encore de l'huile d'avocat, et bien sûr extravierges – ce sont les plus résistantes à la chaleur. On évitera toutes les huiles raffinées, qui sont souvent hydrogénées et qui entretiennent elles aussi l'inflammation. L'huile d'olive peut être utilisée pour les cuissons douces uniquement, mais elle sera toujours à préférer crue pour profiter au maximum de ses précieux polyphénols et de sa vitamine E.

ET SI JE CHERCHE UN COMPLÉMENT?

Si le **magnésium** reste là encore un incontournable pour votre profil :

- Sa carence peut causer un certain nombre de symptômes, tels que crampes, contractures, fatigue ;
- La prise de pilules contraceptives induit très souvent une carence en magnésium ;
- Toutes les formes de syndrome prémenstruel ont en commun une carence en magnésium.

Il sera intéressant de l'accompagner d'anti-oxydants et d'anti-inflammatoires tels que :

- **Les oméga 3 (EPA + DHA)**[101] Comme expliqué précédemment, il existe trois sous-familles d'oméga 3 :
  - ALA (acide alpha linolénique), d'origine végétale ;
  - EPA (acide eicosapentaénoïque) ;
  - DHA (acide docosahexaénoïque).

Les deux dernières sont d'origine animale. En temps normal, le corps est capable de fabriquer des EPA et DHA à partir des ALA, mais cela n'est possible que si l'organisme n'est pas carencé et reçoit une alimentation très saine.

C'est pourquoi il peut être intéressant, surtout pour les végétariens et végétaliens, de se complémenter en **EPA et DHA**. L'EPA est particulièrement intéressant pour diminuer l'**état inflammatoire** tandis que le DHA exerce une action positive sur la **santé cognitive**.

Conseil d'utilisation: environ 25 g par jour chez l'adulte.

- **La vitamine C**, qui a plus d'une corde à son arc et remplit de nombreux rôles dans notre organisme, par exemple :
  - Elle aide le corps à lutter contre les radicaux libres et le stress oxydatif ;
  - Elle est antivirale et antibactérienne
  - Elle renforce le système immunitaire.

La vitamine C naturelle a cependant plusieurs défauts :

- Elle est peu biodisponible. Elle est mal assimilée et une partie de nos apports est éliminée par voie naturelle ;
- Elle est très fragile et s'oxyde facilement à la lumière et à la chaleur. Elle est aussi facilement détruite par les tannins (thé, café), l'alcool et le tabac ;
- C'est dans ces conditions qu'un complément pourra vous être utile.

Conseil d'utilisation: 100 mg minimum par jour, que l'on peut largement dépasser suivant son cas (les besoins augmentent chez les gens stressés, les fumeurs et les femmes enceintes, par exemple) sans dépasser les 1 000 mg par jour.

90. Contre-indications : personnes sous traitement anticoagulant, et toutes personnes devant se faire opérer prochainement. Parlez-en à votre médecin avant utilisation.

ET SI JE PRÉFÈRE M'AIDER DES PLANTES?

- L'**huile d'onagre** est riche en acides gras essentiels anti-inflammatoires qui aident à maintenir l'équilibre hormonal, tout en améliorant le confort pendant le cycle menstruel. Bonus : elle aide à maintenir une belle peau !

  Conseil d'utilisation: une ou trois capsules (minimum 150 mg d'acide gamma linolénique) par jour, au moment des repas.

- L'**huile essentielle de Fragonia**[91] vient en renfort des femmes souffrant de syndromes prémenstruels, en cas de surmenage nerveux ou de fatigue.

  Conseil d'utilisation: une goutte à déposer sur un mouchoir avant de respirer profondément, deux ou trois fois par jour.

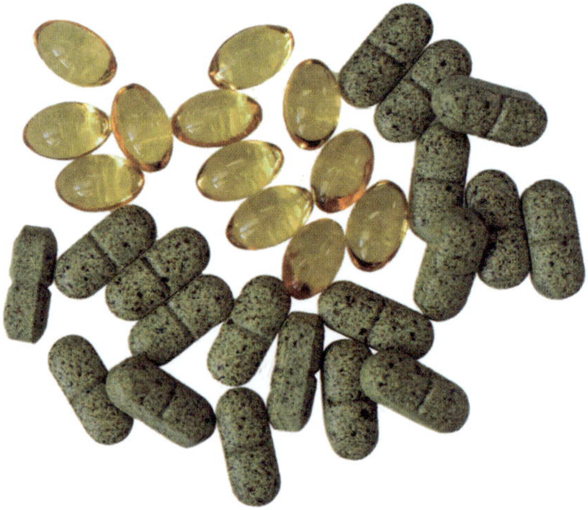

EN BONUS

Les problèmes hormonaux méritent une **prise en charge personnalisée**. Il est temps de prendre rendez-vous chez votre gynécologue ou votre endocrinologue !

91. Contre-indications : femmes enceintes et allaitantes, enfants, personnes asthmatiques.

4. POUR LA SUGAR BABE INTESTINALE

Cette fois-ci, vos pulsions de sucre ne sont pas uniquement de votre ressort. Certains micro-organismes, tels que des bactéries ou des champignons (dans le cas d'une candidose intestinale, par exemple), réclament eux aussi du sucre. Tout cela provient de votre dysbiose intestinale qu'il va falloir soigner.

Objectifs: pour ce quatrième profil, n'hésitez pas à combiner toutes les recommandations des trois précédents profils :

- Alimentation à IG bas ;
- Alimentation anti-stress ;
- Alimentation anti-inflammatoire et hypotoxique.

Et à vous concentrer sur le rééquilibrage de votre microbiote pour réduire vos troubles digestifs.

Le coin alimentation

- **LIMITEZ LES FODMAP:** le régime FODMAP (acronyme de *fermentable oligo, di, monosaccharides and polyols*) est un ensemble de glucides dits « fermentescibles » parce qu'ils fermentent dans l'intestin et provoquent des troubles intestinaux.

F	O	D	M	A	P
FERMENTABLE	OLIGOSACCHARIDES (fructanes et galacto-oligosaccharides [GOS])	DISACCHARIDES (lactose)	MONOSACCHARIDES (fructose en excès du glucose)	AND	POLYOLS (sorbitol, mannitol, xylitol, maltitol, isomaltol et autres produits sucrants se terminant en -ol)

Polyols, fructose, lactose, fructanes, galacto-oligosaccharides : ces termes ne vous semblent pas forcément familiers. Pourtant, ils sont présents dans de nombreux aliments de la vie courante, surtout dans les aliments dits « sains ». De nombreux FODMAP sont donc bénéfiques à notre santé. Toutefois, lorsqu'on en ingère, ces derniers peuvent provoquer un certain nombre de soucis dans tout l'appareil digestif et apporter inconforts et douleurs :

- Ballonnements ;
- Diarrhées et/ou constipation ;
- Gaz ;
- Douleurs abdominales.

Si vous êtes sujet.te aux ballonnements et autres troubles digestifs de manière quotidienne, la piste d'une intolérance à certains FODMAP est intéressante à explorer avec une diététicienne spécialisée. Elle pourra alors vous prescrire un régime FODMAP.

Le régime FODMAP, développé par une équipe de chercheurs de l'université de Monash, en Australie, est reconnu à l'échelle mondiale par les gastroentérologues. Une alimentation faible en FODMAP peut aider une grande majorité de personnes atteintes du syndrome de l'intestin irritable[92] (SII) ainsi que tous ceux qui souffrent de troubles digestifs.

Cette diète fonctionne en plusieurs phases :

1. Une **1re phase d'éviction de quatre à huit semaines**, dans laquelle tous les aliments riches et moyennement riches en FODMAP sont supprimés jusqu'à réduction des symptômes ;
2. Une **2e phase de réintroduction de cinq semaines minimum**, où l'on réintroduit les aliments progressivement suivant un plan bien précis, en augmentant petit à petit les doses. Cette étape permettra de détecter les aliments fauteurs de troubles et d'innocenter certaines familles. Heureusement, l'intolérance ne conerne pas toutes les familles de FODMAP et certaines sont tolérées en petite quantité ;
3. Une **3e phase de maintien**, où l'alimentation redevient plus facile et variée et moins focalisée sur les FODMAP, en tenant compte bien sûr des aliments qui posent problème et des seuils de tolérance à ne pas dépasser.

ALIMENTS À FAIBLE TENEUR EN FODMAP

Quantités à adapter selon son niveau de tolérance digestive : si vous ressentez des troubles, diminuez les quantités.

LÉGUMES

Algues
Aubergine
Betterave
Blette
Bok choy
Brocoli (avec pieds)
Carotte
Céleri
Champignons de Paris
Chicorée
Chou chinois
Chou kale
Chou-rave
Concombre
Endives
Épinards
Fenouil (tiges)
Fines herbes
Gingembre
Haricots verts et jaunes
Laitue
Mâche
Poivron rouge
Radis
Roquette
Rutabaga
Salade verte
Tomate (fraîche ou en boîte)

FRUITS (pas plus d'une portion par repas)

Agrumes : citron, clémentine, lime, mandarine, orange, pamplemousse

Ananas frais
Baies de goji séchées
Banane verte ou peu mûre
Cantaloup
Fruit de la Passion
Fruit du dragon
Goyave peu mûre Kiwi
Melon miel
Noix de coco
Papaye

Petits fruits : myrtilles, canneberge, fraise, framboise
Raisin
Rhubarbe

92. Altobelli E, Del Negro V, Angeletti PM, Latella G. *Low-FODMAP Diet Improves Irritable Bowel Syndrome Symptoms: A Meta-Analysis*. Nutrients. 2017 Aug 26 ; 9(9):940. doi: 10.3390/nu9090940. PMID: 28846594; PMCID: PMC5622700.

SUCRES ET ÉDULCORANTS

Cassonade
Sirop d'érable
Sirop de riz
Stevia
Sucre complet
Sucre de canne

CÉRÉALES ET FÉCULENTS

Avoine et sous-produits d'avoine (flocons, farine, etc.)
Châtaigne et sous produits de châtaigne
Courge (sauf courge musquée)
Edamame
Maïs et farine de maïs
Manioc
Millet et sous-produits de millet
Nouilles de riz
Quinoa et sous produits de quinoa
Riz et farine de riz
Riz brun
Patate douce
Polenta
Pomme de terre
Sarrasin et sous-produits de sarrasin
Sorgho et farine de sorgho
Tapioca et farine de tapioca
Teff et farine de teff

PRODUITS LAITIERS ET SUBSTITUTS

Beurre
Boissons végétales à l'amande, à l'avoine sans gluten, de chanvre, à la coco, au quinoa, au soja (à base de protéines de soja)
Ghee
Lait sans lactose
Margarine
Yaourt d'amandes
Yaourt de coco
Yaourt sans lactose
Fromages à pâte dure et fromages fermes : brie, bleu, camembert, cheddar, emmental, feta, gorgonzola, gouda, gruyère, mozzarella, parmesan

BOISSONS

Bière
Café
Eau
Thé
Tisanc
Vin rouge

PROTÉINES

Œufs
Poisson et fruits de mer
Seitan
Tempeh
Tofu
Viande rouge
Volaille

OLÉAGINEUX ET GRAINES

Cacahuètes
Graines de chanvre
Graines de chia
Graines de courge
Graines de pavot
Graines de sésame
Graines de tournesol
Noix du Brésil
Noix de Grenoble
Noix de macadamia
Noix de pécan
Pignons de pin
Souchet

AUTRES

Agar-agar
Huiles
Épices
Mayonnaise
Moutarde
Olive
Sauce soja
Vinaigre

À savoir : la plupart de ces aliments contiennent peu de FODMAP, mais ils peuvent être mal tolérés si les quantités ingérées sont trop importantes.

ALIMENTS RICHES EN FODMAP

FRUITS

Abricot
Ananas séché
Avocat
Banane très mûre
Cerise
Cranberries séchées
Dattes
Figue
Framboise
Fruits secs
Goyave mûre
Grenade
Groseille
Kaki
Mangue
Melon d'eau
Mûre
Nectarine
Pastèque
Pêche
Pomme (fraîche ou séchée)
Poire
Prune
Pruneau
Raisin sec

LÉGUMES

Ail
Artichaut
Asperge
Chou de Bruxelles
Chou frisé
Choucroute
Chou-fleur
Courgette
Échalote
Fenouil (bulbe)
Kimchi
Oignon blanc
Oignon rouge
Poireau
Potiron
Topinambour

SUCRES ET ÉDULCORANTS

Confiture
Extrait de malt
Fructose
Lactose
Mélasse
Miel
Sirop d'agave
Sirop de fructose
Xylitol

BOISSONS

Cidre
Crème de cassis
Jus de fruits
Muscat
Porto
Rhum
Vin doux

CÉRÉALES ET FÉCULENTS

Amarante
Blé et produits dérivés
Boulgour
Courge musquée
Couscous de blé
Épeautre
Flageolets
Haricots azuki
Haricots noirs
Lentilles
Orge
Pain complet de blé
Pain de seigle
Pain naan
Pain pumpernickel
Pâtes et nouilles de blé
Petits pois
Pois chiches
Pois mange-tout
Seigle
Semoule
Semoule de blé

PROTÉINES

Plats préparés avec des ingrédients riches en FODMAP (bouillon, saucisses, etc.)
Steaks végétaux préparés avec des ingrédients riches en FODMAP

OLÉAGINEUX

Amandes
Noisettes
Noix de cajou
Pistaches

PRODUITS LAITIERS ET SUBSTITUTS

Babeurre
Bleu
Boisson végétale au soja (à base de fèves de soja)
Boisson végétale au riz Chocolat au lait
Crème fraîche
Crème glacée
Fromage à pâte molle
Fromage frais
Kéfir
Lait condensé sucré
Lait écrémé de vache
Lait entier de chèvre
Lait entier de vache
Mascarpone
Poudre de lait
Ricotta
Tofu soyeux
Yaourt au soja

À savoir : la plupart de ces aliments contiennent des FODMAP, mais ils peuvent être tolérés jusquà une certaine quantité, d'où l'importance d'être suivi·e par un professionnel pour des recommandations personnalisées.

S'il est bien mené, ce régime a l'avantage de réduire significativement les **symptômes intestinaux**. Cependant, il ne doit pas être suivi plus longtemps afin d'éviter les **carences**, car il interdit de nombreux aliments bénéfiques à la santé. Pour cette raison, il est essentiel d'être accompagné par un **professionnel**.

Des applications comme celles de la **Monash University**, spécialiste mondiale des FODMAP, peuvent vous aider à identifier les aliments.

- **SOULAGEZ VOTRE DIGESTION EN CHANGEANT VOS HABITUDES DU QUOTIDIEN**.
  - **Faites une pause de crudités:** certes, ils sont denses en vitamines et en minéraux, ainsi qu'en oligoéléments et enzymes, mais pour votre profil, leur richesse en fibres dures (insolubles) peut venir agresser la paroi de votre intestin irritable. Les légumes crus riches en cellulose sont particulièrement difficiles à digérer étant donné que nous n'avons pas d'enzyme spécifique pour la digérer (betterave, épinards, chou, peau des tomates, etc.) ;
  - **À l'inverse, consommez les fruits et légumes cuits, mûrs, épluchés, épépinés, voire mixés et moulinés;**
  - **Faites systématiquement tremper vos céréales, légumineuses et oléagineux**, afin d'enlever toutes les molécules problématiques pour votre système intestinal. On parle d'**antinutriments**. Pour les plus courageux, faites-les également germer. Je donne toutes les explications dans mon livre *Le Guide healthy*.
  - **Fuyez les additifs comme la peste :** ces derniers peuvent provoquer des gaz et spasmes intestinaux. C'est le cas notamment de l'acésulfame de potassium, du sucralose, des polyols, tels que le sorbitol, le maltitol, mais aussi de la cellulose. Attention également aux gommes que l'on retrouve pratiquement toujours dans les substituts laitiers ;
  - **Simplifiez au maximum votre assiette :** évitez les gros mélanges qui donneront du fil à retordre à l'entièreté de votre système digestif. Plus vos repas sont complexes et riches en fibres, plus votre estomac met du temps à digérer ;
  - **Faites une pause de boissons gazeuses :** elles libèrent du dioxyde de carbone dans le système digestif et font gonfler le ventre.

5 MINUTES POUR CALMER LES BALLONNEMENTS

Testez cette routine de massage dès que vous avez mal au ventre. Soulagement garanti !

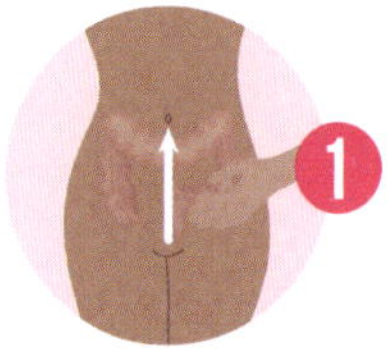

Massez doucement votre intestin en effectuant un mouvement du bas du ventre au nombril, six fois de suite.

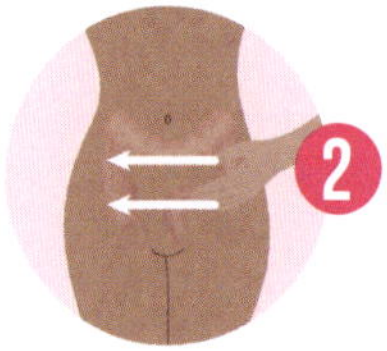

Massez maintenant de droite à gauche, au-dessus du nombril, six fois de suite.

À l'aide de votre poing droit, « pétrissez » le côté droit de votre bas-ventre droit, en remontant vers le haut de votre intestin. Effectuez ce mouvement pendant 1 min.

À l'aide de votre poing gauche, « pétrissez » le côté gauche de votre intestin et descendez jusqu'au bas-ventre. Effectuez ce mouvement pendant 1 min.

Toujours en utilisant votre poing, massez votre intestin dans le sens des aiguilles d'une montre. Répétez le mouvement 20 fois. Si ce mouvement vous est trop désagréable, utilisez votre main à plat.

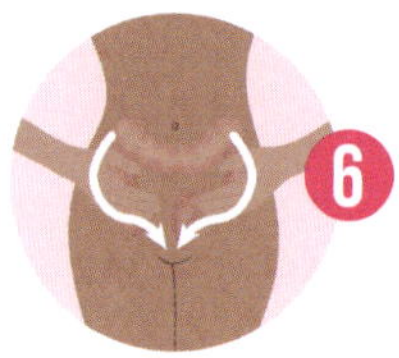

Avec votre main à plat, massez fermement du milieu du dos aux côtés de votre ventre, jusqu'à l'aine. Commencez d'un côté, puis continuez de l'autre, dix fois de suite.

- **Bougez-vous, faites des torsions et massez-vous:** des postures et automassages permettent de soulager les ballonnements en activant la motilité intestinale[93] ;
- **Limitez au maximum les chewing-gums:** ils favorisent l'ingestion d'air en grande quantité et provoquent de l'aérophagie ;
- **Diminuez la consommation de café,** dont l'acidité peut être très irritante pour un estomac fragile et causer des ballonnements immédiats, surtout s'il est accompagné de sucre, d'édulcorant ou de lait animal ;
- **Préférez le pain au levain :** le levain prédigère le gluten et détruit l'acide phytique contenu dans les céréales, rendant le pain plus digeste ;
- **Stabilisez vos horaires de repas** et laissez de longues plages horaires entre chacun (cinq heures) ;
- **Supprimez tous les grignotages :** dès que vous craquez pour un petit snack, vous relancez automatiquement un processus enzymatique de digestion qui empêche l'autonettoyage de votre tube digestif et participe à la prolifération bactérienne ;
- **Ne prenez pas de desserts et testez la dissociation alimentaire** (plus d'informations dans *Le Guide healthy*). Tous les aliments ne se digèrent ni au même endroit, ni avec le même pH, ni avec les mêmes enzymes ;
- **Évitez de boire glacé,** car le froid affaiblit la digestion ;
- Et, bien sûr, **prenez votre temps pour bien mâcher** : n'oubliez jamais que votre estomac n'a pas de dents !

93. Contraction des muscles de la paroi du tube digestif qui brassent les aliments vers la suite du processus digestif.

ET SI JE CHERCHE UN COMPLÉMENT ?

- Le **charbon végétal**[94] Issu de la calcination de bois ou de coquilles de noix de coco, le charbon végétal est la référence en matière de ballonnements et de gaz intestinaux. Il permet en effet de fixer les toxines et les gaz, et apaise le système digestif.

  Veillez à le choisir avec :
  - Une capacité d'adsorption élevée (entre 400 et 2 000 m^2) ;
  - La mention « superactivé » ;
  - Un indice de phénazone d'au moins 40 % (pour 100 mg de charbon actif, 40 mg de gaz ou impuretés sont adsorbés).

  Votre produit sera alors de qualité supérieure.

  Conseils d'utilisation:

  → En action préventive : une cuillerée à soupe le matin à jeun dilué dans de l'eau ou en milieu de matinée, hors prise médicamenteuse (deux heures minimum), pendant 10 à 15 jours.

  → En curatif : une à trois cuillerées à soupe en dehors des repas pendant un à trois jours.

  Veillez à bien vous hydrater, car le charbon favorise la constipation, et consommez-le à distance de toute prise médicamenteuse.

- La **glutamine**[95] D'après certaines études scientifiques[96], la glutamine se révèle prometteuse pour votre santé intestinale, car elle pourrait non seulement servir de source d'énergie pour vos cellules épithéliales, mais également apaiser et réparer votre paroi intestinale, et ainsi soulager les symptômes de l'intestin irritable. D'autre part, elle constitue aussi une arme anti-craquage très intéressante, qui peut réduire les besoins du sucre du cerveau et vous aider à moins grignoter. Un supplément en L-glutamine peut être efficace pour contrôler vos envies en stabilisant la glycémie[97]. À savoir : la glutamine agit plus rapidement lorsqu'on la laisse fondre sous la langue.

  Conseils d'utilisation: 1,5 à 2 g maximum par jour en cure de trois ou quatre semaines maximum. À intégrer dans un smoothie, les boissons, un latte.

95. Contre-indications : femmes enceintes, enfants, personnes âgées, personnes souffrant d'ulcères. Toutes les personnes souffrant d'une maladie devraient demander conseil à leur médecin au préalable, d'autant plus si elles suivent un traitement médicamenteux.
95. Contre-indications : personnes qui souffrent d'insuffisance rénale, d'une maladie du foie, personnes souffrant d'un cancer ou avec antécédent de cancer. Attention : la prise de glutamine ne doit jamais se faire durant longtemps.
96. Perna S., Alalwan T. A., Alaali Z., Alnashaba T., Gasparri C., Infantino V., Hammad L., Riva A., Petrangolini G., Allegrini P., Rondanelli M., "The role of Glutamine in the complex interaction between gut microbiota and health: A narrative review", *Int J Mol Sci*, 2019 Oct 22 ; 20(20):5232. doi: 10.3390/ijms20205232. PMID: 31652531; PMCID: PMC6834172.
97. Jafari-Vayghan H., Varshosaz P., Hajizadeh-Sharafabad F. *et al.*, "A comprehensive insight into the effect of glutamine supplementation on metabolic variables in diabetes mellitus: A systematic review", *Nutr Metab* (Lond) 17, 80, 2020. https://doi.org/10.1186/s12986-020-00503-6

ET SI JE PRÉFÈRE PRENDRE DES PLANTES?

Antispasmodiques et anti-inflammatoires, ces trois huiles essentielles soulagent les troubles digestifs et les douleurs intestinales.

En cas d'aérophagie, de gaz ou de ballonnement : l'**huile essentielle de cardamome**[98] vient en renfort des femmes souffrant de syndromes prémenstruels, en cas de surmenage nerveux ou de fatigue.

Conseil d'utilisation: une goutte dans quatre gouttes d'huile végétale en massage sur l'abdomen, trois fois dans la journée.

En cas de nausée : l'**huile essentielle de menthe poivrée**[99].

Conseils d'utilisation:
une goutte sur un comprimé neutre à mettre sous la langue ou dans une infusion, jusqu'à deux fois par jour jusqu'à rétablissement. Vous pouvez aussi respirer le flacon quelques instants.

En cas de spasmes digestifs : l'**huile essentielle de basilic tropical**[100].

Conseil d'utilisation:
une goutte dans quatre gouttes d'huile végétale en massage sur le ventre, à la suite de chaque repas.

EN BONUS

Consultez un **gastro-entérologue** ou un **micronutritionniste** afin de procéder à une analyse complète de votre propre microbiote. Faites appel à un **diététicien spécialisé dans le régime FODMAP**.

98. Contre-indications : enfants de moins de 3 ans, personnes souffrant de calculs biliaires. Ne pas prendre sur la durée et éviter sa prise simultanée avec des médicaments.
99. Contre-indications : femmes enceintes et allaitantes, personnes épileptiques, enfants de moins de 6 ans.
100. Contre-indications : femmes enceintes et allaitantes, bébés et enfants de moins de 6 ans. L'huile essentielle de basilic ne doit pas être appliquée pure sur la peau ; veillez à bien la diluer dans une huile végétale.

6 *fiches* PRATIQUES

MON ANTI-SÈCHE SPÉCIAL SUCRE

APPRENEZ À DÉTECTER LES SUCRES ET ÉDULCORANTS !

PLUS DE 60 NOMS DE SUCRES DIFFÉRENTS

Amidon
Amidon modifié
Caramel
Cassonade
Démérara
Dextrane
Dextrine
Dextrose
Extrait de malt d'orge
Fructose
Galactose
Glucose
Golden syrup
Isoglucose
Jus concentré
Lactose
Malt
Maltodextrine
Maltose
Mélasse
Miel
Nectar
Nectar d'agave
Panela
Saccharose
Sirop
Sirop d'agave
Sirop d'amidon
Sirop de blé
Sirop de caroube
Sirop de datte
Sirop de fructose
Sirop de glucose
Sirop de glucose-fructose
Sirop de maïs
Sirop de malt
Sirop d'épeautre
Sirop d'érable
Sirop de riz
Sirop de sorgho
Sirop de sucre inverti
Sucre
Sucre brun
Sucre brut
Sucre candi
Sucre cristal
Sucre de betterave
Sucre de canne
Sucre de canne brut
Sucre de canne évaporé
Sucre de coco
Sucre de fleur de coco
Sucre de maïs
Sucre de malt
Sucre de palme
Sucre de raisin
Sucre de riz
Sucre en poudre
Sucre gélifiant
Sucre inverti
Sucre muscovado
Sucre perlé
Sucre vanillé
Sucrose
Tréhalose

PLUS DE 30 NOMS D'ÉDULCORANTS

Acésulfame-K E950
Acide cyclamique E952i
Alitame E956
Aspartame E951
Cyclamate E952
Cyclamate de calcium E952ii
Cyclamate de potassium E952iii
Cyclamate de sodium E952iv
Dihydrochalcone de néohespéridine E959
Glucosides de steviol E960
Isomaltulose hydrogéné E953
Lactitol E966
Liquorice E958
Maltitol E965i
Mannitol E421
Néotame E961
Tagatose E963
Saccharine de calcium E954ii
Saccharine de potassium E954
Saccharine de potassium E954iii
Saccharine de sodium E954i
Saccharine de sodium E954iv
Sel d'aspartame acésulfame E962
Sirop de maltitol E965
Sirop de maltitol E965ii
Sirop de polyglycitol E964
Sirop de sorbitol E420ii
Sorbitol E420i
Sorbitols E420
Thaumatine E957
Trichlorogalactosaccharose E955
Xylitol E967

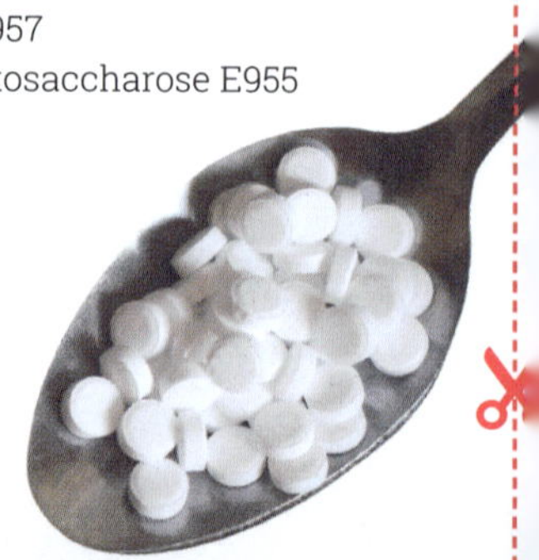

MA FICHE ANTI-CRAQUAGE

MES SNACKS SAINS

2 carrés de chocolat noir 84 %
+ 2 abricots secs
+ 1 infusion

1 yaourt végétal
+ 1 bonne poignée de myrtilles
+ quelques noix en cerneaux
+ 1 infusion

1 toast marin

1 tranche de pain complet bio au levain + 1 c. à. soupe de tartare d'algues

2 poignées de flakes de coco nature
+ 1 infusion

Smoothie protéiné aux fruits rouges

½ mug de myrtilles + 1 ou 2 poignées d'épinards + 100 g de tofu soyeux + 1 c. à soupe rase de purée d'amandes complètes + eau

1 pudding de chia fait maison

2 c. à soupe de graines de chia + 1 c. à café de graines de courge + 15 c. à. soupe de boisson végétale à l'amande + 1 c. à. café de cacao non sucré + 1 c. à. café de poudre de maca

1 crème à base de psyllium

(Recette page 128)

1 œuf dur

1 lait d'or maison

1 c. à. café de curcuma en poudre + 1 mug de lait d'amande ou de Coco + ½ c. à. café de poudre de gingembre (facultatif)

1 pomme en tranches
+ 1 c. à. soupe de purée d'amandes complètes

1 kiwi + 1 poignée d'oléagineux

Bâtonnets de carottes
+ 2 c. à soupe de houmous

1 toast à l'avocat + 1 infusion

1 tranche de pain Pumpernickel au levain + ¼ d'avocat + 1 pincée de sel + paprika et graines germées en topping (facultatif)

Porridge de son d'avoine

4 c.à soupe de son d'avoine + 1 mug de boisson végétale à mélanger et à chauffer 5 min dans une casserole. Y verser de cacao et de la cannelle.

1 matcha latte

1 c. à. café rase de matcha + boisson végétale (coco, amande, chanvre ou soja) + 10 g de poudre de collagène hydrolysé (facultatif)

À préférer le matin du fait de sa teneur en théine

MES INFUSIONS ANTI-SUCRES

Qu'elles soient hypoglycémiantes ou qu'elles permettent de satisfaire vos papilles sucrées, ces infusions seront vos précieux alliés du quotidien[101].

La mélisse
pour son goût facile et son action anti-ballonnement

La cannelle
stimulante digestive, qui aide à diminuer le glucose sanguin

Le mûrier noir
qui contribue à réduire l'absorption du sucre après un repas

L'olivier
qui participe à la régulation du taux de sucre

La bardane
qui favorise l'élimination

La myrtille
qui aide à réguler le taux d'insuline

La camomille
qui contribue à freiner les pulsions de sucre

Le géranium
aux propriétés hypoglycémiantes et diurétiques

La menthe poivrée
qui coupe les envies de sucre et soulage les indigestions

UNE GLYCÉMIE « ON CONTROL » GRÂCE À LA CANNELLE

Dans une étude suédoise parue dans l'*American Journal of Clinical Nutrition*, des chercheurs ont fait ingérer à un groupe de volontaires une cuillerée de cannelle en poudre avec leur dessert. Leur glycémie a été mesurée avant, pendant et après, tout comme comme celle du second groupe qui n'avait pas consommé de cannelle avec son gâteau.

Les résultats ont démontré que le taux de glucose s'élevait beaucoup moins intensément et de manière beaucoup plus lente lorsque l'ingestion du dessert était accompagnée de cannelle. Cette dernière aurait un atout de taille : elle permettrait de ralentir la vidange gastrique. Les aliments passeraient donc moins vite vers l'intestin, ayant un impact sur le glucose qui se diffuserait moins vite jusqu'au sang. Affaire à suivre !

114. Attention aux contre-indications : avant de consommer l'une de ces plantes, il est primordial de consulter son médecin ou d'en parler à son pharmacien. En effet, elles peuvent interférer avec d'autres médicaments et ne sont pas compatibles avec tous les traitements. Tout le monde n'a pas besoin de tisanes aux propriétés hypoglycémiantes. Par ailleurs, certaines sont diurétiques. Les femmes enceintes et allaitantes ainsi que les jeunes enfants ne peuvent pas toutes les consommer.

FAMILIARISEZ-VOUS AVEC LES IG ET CG DE VOS ALIMENTS PRÉFÉRÉS

TABLEAU DES INDEX GLYCÉMIQUES

IG TRÈS BAS < 40					
Flocons d'avoine non cuits	40	Pâtes de lentilles corail	35	Noix de Grenoble, du Brésil, de macadamia, de cajou	15
Haricots secs	40	Purée de noix de cajou	35	Cacahuètes nature	15
Pain intégral au levain pur	40	Sucre de coco	35	Sirop d'agave	15
Purée de sésame semi-complète	40	Betterave et carotte crues	30	Poudre de gingembre	15
Pain azyme à la farine intégrale	40	Lait de vache, boisson végétale au soja	30	Pignons de pin	15
Farine et flocons de sarrasin	40	Tomate	30	Choucroute, chou-fleur et autres choux	15
Farine de souchet	35	Farine d'orge mondé	30	Poivron, champignon, courgette, concombre	15
Abricots secs	35	Farine de lentilles vertes	30	Céréales et graines germées	15
Orange, pêche, nectarine, pomme, prune	35	Pain aux graines type Seedful	30	Tofu	15
Céleri-rave cru	35	Cerises et fruits des bois	25	Farine de lupin	15
Figue fraîche	35	Baies de goji	25	Son d'avoine	15
Haricots secs	35	Pois cassés	25	Avocat	10
Jus et coulis de tomates	35	Boisson végétale à l'amande	25	Fructose	10
Lin, sésame, pavot, tournesol	35	Purée d'amandes complètes	25	Xylitol	7
Petits pois frais	35	Purée de noisettes 100 % nature	25	Sirop de yacón	7
Pois chiches cuits	35	Purée de cacahuètes 100 % nature	25	Épices (poivre, persil, basilic, cannelle, vanille, etc.)	5
Quinoa	35	Noix de cajou	25	Vinaigre de cidre	5
Yaourt nature ou soja nature	35	Chocolat noir à plus de 70 % de cacao avec sucre de coco	25	Chicorée	2
Riz sauvage	35	Cacao en poudre sans sucre	20	Stevia verte	0
Farine de coco	35	Citron	20	Érythritol	0
Pain intégral au levain	35	Graines de courge	20	Fleur d'oranger	0
Pain essène	35	Garine et poudre de noisettes	20	Crème de coco	0
Farine de pois chiches	35	Farine et poudre d'amandes	20	Tisanes	0
Amarante	35	Amandes	20	Thés	0
Miel liquide (type acacia)	35	Noisettes	20	Café	0
Lentilles vertes	35	Noix de coco râpée	15		

Liste non exhaustive

IG BAS 41-55		IG MODÉRÉ 56-69		IG ÉLEVÉ < 70	
Raisin frais	53	Gnocchi	68	Sirop de maïs	115
Topinambour cuit	53	Polenta	68	Datte séchée	103
Canneberge	52	Melon	67	Glucose	100
Cacao maigre	51	Bière	66	Sirop de glucose	100
Semoule complète	50	Ananas	66	Fécule de pommes de terre	95
Jus de pommes sans sucres ajoutés	50	Confiture	66	Maltodextrine	95
Kiwi	50	Couscous	65	Pomme de terre rôtie	95
Muesli sans sucres ajoutés	50	Farine semi-complète	65	Pomme de terre en flocons (purée instantanée)	95
Yaourt au soja	50	Muesli sans sucre ajouté	65	Riz gluant	90
Pâtes complètes al dente	50	Pain au seigle ou complet	65	Pop-corn	90
Riz complet	50	Pomme de terre vapeur	65	Riz à cuisson rapide	87
Riz brun	50	Courge	65	Corn-flakes	85
Pain de sarrasin	50	Banane mûre	65	Farine de blé blanche	85
Carotte cuite	50	Sorbet	65	Boisson végétale au riz	85
Pâtes aux œufs	49	Pain de seigle	65	Maïzena	85
Lentilles en conserve	48	Raisin sec	64	Purée de pommes de terre	80
Spaghettis complets	48	Riz blanc cuit à l'eau	64	Frites	82
Patates douces cuites	46	Betterave cuite	64	Flocons d'avoine instantanés	82
Banane verte	45	Châtaigne	64	Galettes de riz	78
Boulgour	45	Cerise	63	Confiseries	78
Céréales complètes	45	Figue séchée	61	Gaufres	76
Petits pois	45	Flocons d'avoine cuits	60	Potiron	75
Riz basmati complet	45	Crème glacée	60	Pain à hamburger	75
Sauce tomate sans sucres ajoutés	45	Farine complète	60	Farine de riz	75
Farines d'épeautre et de petit épeautre intégrales T150	45	Miel (solide)	60	Baguette	70
Farine de blé intégrale T150	45	Poudre chocolatée sucrée	60	Brioche	70
Pain pumpernickel	45	Riz long de Camargue	60	Chips	70
Pains complets à l'épeautre et au petit épeautre	45	Riz basmati	58	Sodas	70
Farine de teff	45	Abricot	57	Pain de mie blanc	70
Jus de carottes	43	Papaye	56	Biscottes	70
Datte fraîche	42	Ketchup	55	Sucre blanc	70
		Moutarde	55	Sucre complet	70
		Pâte à tartiner chocolat-noisette	55		
		Pâtes blanches bien cuites	55		
		Maïs doux	55		

TABLEAU DES CHARGES GLYCÉMIQUES

CG BASSE (<10)		CG MODÉRÉE (11-19)		CG ÉLEVÉE (>20)	
Ananas	9,7	Pâtes al dente	19,9	Pop-corn sans sucres	42,6
Dattes séchées	8,4	Banane bien mûre	18,7	Semoule cuite	35,1
Haricots blancs	8,2	Patate douce rôtie	17,3	Pomme de terre rôtie	33,6
Melon	7,8	Frites	16,8	Baguette	32,5
Pêche	6,9	Quinoa cuit	16,7	Riz blanc cuit	31,8
Amarante	6,8	Pâtes complètes	15,1	Pomme de terre cuite à l'eau	31,2
Pomme	5,9	Miel	14,8	Farine de maïs	26,5
Orange	5,4	Pain de mie blanc	14,5	Riz sauvage cuit	24,8
Cerise	5,3	Boulgour	13,4	Purée de pommes de terre	24,4
Betterave cuite	4,5	Raisin sec	12,7	Farine semi-complète de blé	22,4
Carotte cuite	3,9	Pain de seigle	12,6	Biscotte	21,6
Kiwi	3,9	Jus d'orange pressé sans sucre	11,3	Pain au chocolat	21,6
Sucre blanc	3,5			Sodas	21,5
Flocons d'avoine cuits	3,4			Châtaigne	21,1
Pois chiches cuits	3,2			Pain complet	20,7
Haricots verts	3			Corn-flakes	20,2
Betterave crue	2,9			Pâtes blanches bien cuites	20
Boisson végétale au soja	2,9				
Noix de cajou	1,4				
Carotte crue	1,1				
Chou-fleur cuit	0,8				
Tomate crue	1,5				
Noix	0,4				
Tofu	0,2				
Amande	0,1				

Liste non exhaustive

MES EXERCICES ANTI-GRIGNOTAGE

Vous sentez comme une envie irrésistible de vous jeter sur de la nourriture ? Pour vous aider à résister, je vous ai concocté toute une liste de petits exercices à essayer d'urgence !

1. Posez-vous la question: d'où vient votre envie de grignoter? D'au-dessus de la gorge ou d'en dessous?

- Si la faim vient du dessus de la gorge, cette faim est psychologique. Vous salivez à l'idée même d'avaler quelque chose. Vous n'avez donc pas besoin de manger, mais d'occuper votre esprit : allez prendre l'air, faites une pause avec des collègues ; il vous faut de la stimulation !
- Si la faim vient d'en dessous la gorge, vous avez faim. Votre ventre gargouille, vous expérimentez une sensation de creux et de crampes au niveau de l'estomac. C'est le signe que votre corps a besoin de manger.

2. Pratiquez le «soufflet thoracique»

Debout, pieds écartés et main sur la cage thoracique, inspirez profondément, puis imaginez votre pulsion et soufflez d'un coup sec comme pour l'éliminer.

3. Adoptez la cohérence cardiaque

Puisque c'est souvent le stress qui incite à grignoter, prenez 5 minutes pour vous concentrer sur votre respiration en inspirant sur six temps, puis en expirant sur six autres, six fois de suite, en respirant pleinement avec la cage thoracique.

Cette méthode vous permettra de ralentir le rythme cardiaque et de mieux contrôler vos émotions.

4. Faites un chrono d'introspection

Dès qu'une envie de grignoter survient, mettez un minuteur pour une durée de 5 minutes. Pendant ce laps de temps, commencez un entretien avec vous-même : demandez-vous pourquoi vous voulez grignoter, si vous avez vraiment faim, si vous vous ennuyez, si vous êtes fatigué·e. Puis cherchez des solutions.

Par exemple, si vous avez envie de grignoter un paquet entier de gâteaux, demandez-vous si un toast avec du houmous ne serait pas tout aussi rassasiant. Si vous vous ennuyez, pourquoi ne pas sortir prendre l'air 15 minutes ? Si vous êtes fatigué·e, faites une microsieste. Et rappelez-vous votre objectif de décrocher du sucre. Si vous avez toujours envie de grignoter au bout de 5 minutes, allez-y. Mais vous verrez que, la plupart du temps, ces 5 minutes seront certainement un déclencheur anti-craquage !

LES BASES D'UNE SEMAINE D'ÉQUILIBRE

J'ai développé cet outil pour vous guider après votre sevrage. Il s'agit d'une sorte de **batch cooking** spécial IG contrôlé afin de vous aider à vous composer vos menus IG bas en un rien de temps ! N'hésitez pas à varier entre les différentes options proposées pour agrémenter vos assiettes avec des aliments diversifiés et éviter la monotonie.

PETIT DÉJEUNER						
JOUR 1	**JOUR 2**	**JOUR 3**	**JOUR 4**	**JOUR 5**	**JOUR 6**	**JOUR 7**
HEALTHY PORRIDGE	**HAPPINESS TOASTS**	**GREEN SMOOTHIE**	**FEEL GOOD PANCAKES** *à mixer au blender*	**HEALTHY PORRIDGE**	**GREEN SMOOTHIE**	**HAPPINESS TOASTS**
Base(s) : flocons d'avoine, sarrasin, millet, épeautre, haricots azuki	**Pain :** quinoa, sarrasin, riz complet, petit épeautre, intégral, pain essène *Bonus si levain*	**Base(s) :** fraises, framboises, mûres, myrtilles, pomme, kiwi, poire, pêche, abricot, citron, prune, gingembre, curcuma	**Base(s) de farine (½ mug) :** sarrasin, quinoa, orge mondé, pois chiches, lupin, épeautre ou petit épeautre, blé intégral, blé complet	**Base(s) :** flocons d'avoine, sarrasin, millet, épeautre, haricots azuki	**Base(s) :** fraises, framboises, mûres, myrtilles, pomme, kiwi, poire, pêche, abricot, citron, prune, gingembre, curcuma	**Pain :** quinoa, sarrasin, riz complet, petit épeautre, intégral *Bonus si levain*
Oléagineux et graines : amandes, noisettes, noix, courge, chia, chanvre	**Graisses :** avocat, houmous, purée d'amandes complètes, purée de cacahuètes, purée de noisettes non grillées et nature	**Légume(s) :** épinards, mâche, courgettes, chou-fleur, brocoli *(préalablement cuits pour les deux derniers)*	**Liant :** 1 œuf, 1 petite banane (pas trop mûre), 1 compote sans sucres ajoutés	**Oléagineux et graines :** amandes, noisettes, noix, courge, chia, chanvre	**Légume(s) :** épinards, mâche, courgettes, chou-fleur, brocoli *(préalablement cuits pour les deux derniers)*	**Graisses :** avocat, houmous, purée d'amandes complètes, purée de cacahuètes, purée de noisettes non grillées et nature
Boisson végétale : coco, amande, chanvre	**Protéines (optionnel) :** œufs mollets ou pochés, sardines, omelette de tofu soyeux	**Lipides :** avocat, yaourt de coco, huile de coco, purée d'amandes complètes, purée de cacahuètes, graines de lin moulues	**Boisson végétale :** coco, amande, chanvre (¾ du même mug)	**Boisson végétale :** coco, amande, chanvre	**Lipides :** avocat, yaourt de coco, huile de coco, purée d'amandes complètes, purée de cacahuètes, graines de lin moulues	**Protéines (optionnel) :** œufs mollets ou pochés, sardines, omelette de tofu soyeux
Protéines : poudre de protéine végétale, tofu soyeux, blanc d'œuf	**Topping(s) :** graines germées, grenade, paprika, paillettes de spiruline, d'algues, gomasio, graines de chanvre	**Topping(s) :** flakes de coco, noix de coco râpée, myrtilles, framboises, graines de courge, de chanvre, fèves de cacao	**Autres ingrédients :** 1 c. à café de poudre de vanille, ½ c. à café de bicarbonate, 1 pincée de sel	**Protéines :** poudre de protéine végétale tofu soyeux, blanc d'œuf	**Protéines :** poudre de protéines végétales, poudre de chanvre, tofu soyeux, collagène	**Topping(s) :** graines germées, grenade, paprika, paillettes de spiruline, d'algues, gomasio, graines de chanvre
Topping(s) : flakes de coco, noix de coco râpée, myrtilles, framboises, graines de courge, de chanvre, fèves de cacao		**Protéines :** poudre de protéines végétales, poudre de chanvre, tofu soyeux, collagène	**Topping(s) :** yaourt de coco, purée d'amandes complètes, purée de cacahuètes, purée de noisettes, fruits des bois	**Topping(s) :** flakes de coco, noix de coco râpée, myrtilles, framboises, graines de courge, de chanvre, fèves de cacao	**Topping(s) :** flakes de coco, noix de coco râpée, myrtilles, framboises, graines de courge, de chanvre, fèves de cacao	
		Liquide : eau, boissons végétales de coco, d'amande, de chanvre			**Liquide :** eau, boissons végétales de coco, d'amande, de chanvre	

DÉJEUNER						
JOUR 1	**JOUR 2**	**JOUR 3**	**JOUR 4**	**JOUR 5**	**JOUR 6**	**JOUR 7**
BUDDHA BOWL	**BOWL CHAUD**	**HAPPINESS**	**BUDDHA BOWL**	**BOWL CHAUD**	**HAPPINESS**	**BUDDHA BOWL**
Base(s): pousses d'épinards, feuilles de chêne, laitue romaine, roquette, mâche	**Base(s):** courgettes, aubergines, tomates, chou-fleur, choux de Bruxelles, brocoli, chou blanc, chou rouge, champignons, poireaux, artichaut, poivrons	**Pain:** quinoa, sarrasin, riz complet, petit épeautre, intégral *Bonus si levain*	**Base(s):** pousses d'épinards, feuilles de chêne, laitue romaine, roquette, mâche	**Base(s):** courgettes, aubergines, tomates, chou-fleur, choux de Bruxelles, brocoli, chou blanc, chou rouge, champignons, poireaux, artichaut, poivrons	**Pain:** quinoa, sarrasin, riz complet, petit épeautre intégral *Bonus si levain*	**Base(s):** pousses d'épinards, feuilles de chêne, laitue romaine, roquette, mâche
Féculent(s): quinoa, sarrasin, amarante, riz basmati complet, petit épeautre, boulgour complet, légumineuses	**Féculent(s):** quinoa, sarrasin, amarante, riz basmati complet, petit épeautre, boulgour complet, légumineuses	**Lipides:** avocat, houmous, purée d'amandes complètes, purée de cacahuètes, de noisettes	**Féculent(s):** quinoa, sarrasin, amarante, riz basmati complet, petit épeautre, boulgour complet, légumineuses	**Féculent(s):** quinoa, sarrasin, amarante, riz basmati complet, petit épeautre, boulgour complet, légumineuses	**Lipides:** avocat, houmous, purée d'amandes complètes, purée de cacahuètes, de noisettes	**Féculent(s):** quinoa, sarrasin, amarante, riz basmati complet, petit épeautre, boulgour complet, légumineuses
Protéine(s): légumineuses, volailles, jambon sans nitrites et sans sucres, petits poissons gras, tempeh, tofu, tofu lactofermenté, œufs	**Protéine(s):** volailles, œufs, petits poissons gras, tempeh, tofu, tofu lactofermenté, pois chiches, lentilles corail, lentilles vertes, lentilles noires, haricots blancs, haricots rouges, edamame, flageolets	**Protéines:** œufs mollets ou pochés, sardines, omelette de tofu soyeux	**Protéine(s):** légumineuses, volailles, jambon sans nitrites et sans sucres, petits poissons gras, tempeh, tofu, tofu lactofermenté, œufs	**Protéine(s):** volailles, œufs, petits poissons gras, tempeh, tofu, tofu lactofermenté, pois chiches, lentilles corail, lentilles vertes, lentilles noires, haricots blancs, haricots rouges, edamame, flageolets	**Protéines:** œufs mollets ou pochés, sardines, omelette de tofu soyeux	**Protéine(s):** légumineuses, volailles, jambon sans nitrites et sans sucres, petits poissons gras, tempeh, tofu, tofu lactofermenté, œufs
Légumes(s): tomates, concombre, artichaut, courgettes, poivrons, brocoli, chou rouge, oignon, carottes	**Assaisonnement:** huile d'olive, huile de coco, huile TCM, huile de palme rouge (toutes extravierges)	**Accompagnement(s):** laitue romaine, feuilles de chêne, mâche, roquette, jeunes pousses d'épinards, tomates, concombre	**Légumes(s):** tomates, concombre, artichaut, courgettes, poivrons, brocoli, chou rouge, oignon, carottes	**Assaisonnement:** huile d'olive, huile de coco, huile TCM, huile de palme rouge (toutes extravierges)	**Accompagnement(s):** laitue romaine, feuilles de chêne, mâche, roquette, jeunes pousses d'épinards, tomates, concombre	**Légumes(s):** tomates, concombre, artichaut, courgettes, poivrons, brocoli, chou rouge, oignon, carottes
Toppings: herbes aromatiques, graines de courge, de chanvre, levure de bière, germe de blé, paillettes d'algues, gomasio, natto en poudre, brindilles de spiruline, moringa en poudre	**Toppings:** herbes aromatiques, natto en poudre, levure de bière, germe de blé, paillettes d'algues, gomasio, ail, échalote	**Toppings:** graines germées, grenade, paprika, paillettes de spiruline, d'algues, gomasio, graines de chanvre	**Toppings:** herbes aromatiques, graines de courge, de chanvre, levure de bière, germe de blé, paillettes d'algues, gomasio, natto en poudre, brindilles de spiruline, moringa en poudre	**Toppings:** herbes aromatiques, levure de bière, germe de blé, paillettes d'algues, gomasio, ail, échalote	**Toppings:** graines germées, grenade, paprika, paillettes de spiruline, d'algues, gomasio, graines de chanvre	**Toppings:** herbes aromatiques, graines de courge, de chanvre, levure de bière, germe de blé, paillettes d'algues, gomasio, natto en poudre, brindilles de spiruline, moringa en poudre
Assaisonnement: huiles de colza, de cameline, de lin (toutes extravierges), vinaigres de cidre, de vin, jus de citron		**Assaisonnement:** huiles de colza, de cameline, de lin (toutes extravierges), vinaigre de cidre, vin, jus de citron				**Assaisonnement:** huiles de colza, de cameline, de lin (toutes extravierges), vinaigres de cidre, de vin, jus de citron

SNACKS						
JOUR 1	**JOUR 2**	**JOUR 3**	**JOUR 4**	**JOUR 5**	**JOUR 6**	**JOUR 7**
YOGURT BOWL	**LE CLASSIQUE**	**NICE CREAM** *à mixer au blender*	**GREEN SMOOTHIE**	**YOGURT BOWL**	**LE CLASSIQUE**	**GREEN SMOOTHIE**
Base : yaourt de coco, yaourt d'amande, yaourt de soja, yaourt de chèvre ou de brebis (toujours nature et bio)	**Fruit IG bas :** pomme, poire, fraises, framboises, mûres, kiwi, pêche, abricot, citron, prune, gingembre, curcuma, abricots secs	**Base :** morceaux de banane ou de mangue congelés	**Base(s) :** fraises, framboises, mûres, pomme, kiwi, poire, pêche, abricot, citron, prune, gingembre, curcuma	**Base :** yaourt de coco, yaourt d'amandes, yaourt de soja, yaourt de chèvre ou de brebis (toujours nature et bio)	**Fruit IG bas :** pomme, poire, fraises, framboises, mûres, kiwi, pêche, abricot, citron, prune, gingembre, curcuma, abricots secs	**Base(s) :** fraises, framboises, mûres, pomme, kiwi, poire, pêche, abricot, citron, prune, gingembre, curcuma
Sucrant : xylitol, miel IG bas, sirop de yacón, érythritol, sucre de coco	**Oléagineux (de 20 à 30 g) :** noisettes, amandes, noix en cerneaux, du Brésil (2 ou 3 maximum), de pécan, de macadamia, pistaches (toujours nature et non grillés)	**Pour aromatiser :** fraises, myrtilles, pêche, figue fraîche, poire, poudre d'açaï, poudre de cacao	**Lipides :** avocat, graines de chia, yaourt de coco, purée d'amandes complètes, de cacahuètes	**Sucrant** : xylitol, miel IG bas, sirop de yacón, érythritol, sucre de coco	**Oléagineux (de 20 à 30 g) :** noisettes, amandes, noix en cerneaux, du Brésil (2 ou 3 maximum), de pécan, de macadamia, pistaches (toujours nature et non grillés)	**Légume(s) :** épinards, mâche, courgette
Topping(s) : flakes de coco, noix de coco râpée, fruits des bois, éclats de fèves de cacao, oléagineux	**Bonus (optionnel) :** 1 ou 2 carrés de chocolat noir à plus de 80 % de cacao	**Topping(s) :** flakes de coco, noix de coco râpée, fruits des bois, éclats de fèves de cacao, oléagineux	**Topping(s) :** flakes de coco, noix de coco râpée, myrtilles, framboises, graines de courge, de chanvre, fèves de cacao	**Topping(s) :** flakes de coco, noix de coco râpée, fruits des bois, éclats de fèves de cacao, oléagineux	**Bonus (optionnel) :** 1 ou 2 carrés de chocolat noir à plus de 80 % de cacao	**Lipides :** graines de chia, avocat, yaourt de coco, purée d'amandes complètes
		Protéine (en option) : 1 portion de poudre de protéines végétales ou de poudre de collagène	**Protéines :** poudre de protéine végétale, tofu soyeux, poudre de collagène			**Protéines :** poudre de protéine végétale, tofu soyeux, poudre de collagène
			Légume(s) : épinards, mâche, courgette			**Topping(s) :** flakes de coco, noix de coco râpée, myrtilles, framboises, graines de courge, de chanvre, fèves de cacao
			Liquide : eau, boissons végétales de coco, d'amande, de chanvre			**Liquides :** eau, boissons végétales coco, amande, chanvre

DÎNER						
JOUR 1	**JOUR 2**	**JOUR 3**	**JOUR 4**	**JOUR 5**	**JOUR 6**	**JOUR 7**
BOWL CHAUD	**SOUPE MISO REVISITÉE**	**PORRIDGE SALÉ**	**BOWL CHAUD**	**SOUPE MISO REVISITÉE**	**PORRIDGE SALÉ**	**BOWL CHAUD**
Base(s) : courgette, aubergine, tomates, chou-fleur, choux de Bruxelles, brocoli, chou blanc, chou rouge, champignons, poireaux, artichaut, poivrons	**Base :** dashi (bouillon japonais traditionnel) + eau (filtrée)	**Base(s) :** flocons d'avoine, sarrasin, millet, épeautre, haricots azuki, orge, quinoa, riz complet	**Base(s) :** courgette, aubergine, tomates, chou-fleur, choux de Bruxelles, brocoli, chou blanc, chou rouge, champignons, poireaux, artichaut, poivrons	**Base :** dashi (bouillon japonais traditionnel) + eau (filtrée)	**Base(s) :** flocons d'avoine, sarrasin, millet, épeautre, haricots azuki, orge, quinoa, riz complet	**Base(s) :** courgette, aubergine, tomates, chou-fleur, choux de Bruxelles, brocoli, chou blanc, chou rouge, champignons, poireaux, artichaut, poivrons
Féculent(s) : quinoa, sarrasin, amarante, riz basmati complet, petit épeautre, boulgour complet, légumineuses	**Miso :** riz, orge, soja	**Boisson végétale :** amande, chanvre ou crème coco	**Féculent(s) :** quinoa, sarrasin, amarante, riz basmati complet, petit épeautre, boulgour complet, légumineuses	**Miso :** riz, orge, soja	**Boisson végétale :** amande, chanvre ou crème coco	**Féculent(s) :** quinoa, sarrasin, amarante, riz basmati complet, petit épeautre, boulgour complet, légumineuses
Protéine(s) : pois chiches, lentilles corail, lentilles vertes, lentilles noires, haricots blancs, haricots rouges, edamame, flageolets	**Légume(s) :** champignons de Paris, algues nori, algues wakamé, oignon, carottes, blancs de poireau, shiitakés	**Assaisonnement(s) :** huile d'olive, piment de Cayenne, cumin, paprika, herbes aromatiques, ail, échalote, gingembre, bouillon de légumes	**Protéine(s) :** pois chiches, lentilles corail, lentilles vertes, lentilles noires, haricots blancs, haricots rouges, edamame, flageolets	**Légume(s) :** champignons de Paris, algues nori, algues wakamé, oignon, carottes, blancs de poireau, shiitakés	**Assaisonnement(s) :** huile d'olive, piment de Cayenne, cumin, paprika, herbes aromatiques, ail, échalote, gingembre, bouillon de légumes	**Protéine(s) :** pois chiches, lentilles corail, lentilles vertes, lentilles noires, haricots blancs, haricots rouges, edamame, flageolets
Assaisonnement : huile d'olive	**Protéine (s) :** tofu soyeux, tofu blanc, tofu fumé, tempeh	**Topping(s) :** herbes aromatiques, champignons, légumes rôtis, kimchi, pignons de pin, tomates cerises cuites, tomates séchées	**Assaisonnement :** huile d'olive	**Protéine (s) :** tofu soyeux, tofu blanc, tofu fumé, tempeh	**Topping(s) :** herbes aromatiques, champignons, légumes rôtis, kimchi, pignons de pin, tomates cerises cuites, tomates séchées	**Assaisonnement :** huile d'olive
Toppings : herbes aromatiques, levure de bière, germe de blé, paillettes d'algues, gomasio, ail, échalote	**Féculent(s) :** nouilles soba, fusilli de lentilles corail, nouilles de riz complet, penne de quinoa, fusilli épeautre, tagliatelles de pois chiches, petites pommes de terre, petits pois frais, haricots rouges	**Accompagnements (optionnel) :** pousses d'épinards, feuilles de chêne, laitue romaine, roquette, mâche, crudités	**Toppings :** herbes aromatiques, levure de bière, germe de blé, paillettes d'algues, gomasio, ail, échalote	**Féculent(s) :** nouilles soba, fusilli de lentilles corail, nouilles de riz complet, penne de quinoa, fusilli épeautre, tagliatelles de pois chiches, petites pommes de terre, petits pois frais, haricots rouges	**Accompagnements (optionnel) :** pousses d'épinards, feuilles de chêne, laitue romaine, roquette, mâche	**Toppings :** herbes aromatiques, levure de bière, germe de blé, paillettes d'algues, gomasio, ail, échalote
	Topping : ciboulette	**Protéines :** morceaux de tofu, œufs mollets/pochés, fêta, chèvre frais		**Topping :** ciboulette	**Protéines :** morceaux de tofu, œufs mollets ou pochés, feta, chèvre frais	

COMMENT CONCOCTER UNE SOUPE MISO ?

ÉTAPE 1

Faire chauffer l'huile d'olive dans une casserole à feu moyen. Ajouter l'ail et les oignons, puis faire revenir à feu doux.

ÉTAPE 2

Ajouter les légumes et laisser cuire 5 à 10 min jusqu'à ce qu'ils soient tendres.

ÉTAPE 3

Dissoudre le miso dans 10 cl d'eau et l'ajouter aux légumes.

ÉTAPE 4

Ajouter de l'eau supplémentaire en quantité voulue pour le bouillon final. Ajouter les féculents et les laisser cuire le temps indiqué.

ÉTAPE 5

En fin de cuisson, ajouter le soja coupé en cubes et les féculents.

COMMENT FAIRE UN PORRIDGE SALÉ ?

ÉTAPE 1

Dans une casserole, verser les flocons (ou autre féculent) et le liquide choisi, puis faire chauffer 5 à 10 min à feu doux.

ÉTAPE 2

Lorsque les flocons ou les féculents ont absorbé tout le liquide, ajouter les toppings et les protéines. Selon l'ingrédient, il aura peut-être fallu le faire cuire en amont.

ÉTAPE 3

Assaisonner d'huile, d'herbes aromatiques et/ou d'épices.

ÉTAPE 4

Répartir dans des bols et servir avec une salade.

COMMENT PRÉPARER UNE NICE CREAM* ?

ÉTAPE 1

La veille, couper la banane et/ou la mangue en morceaux et congeler.

ÉTAPE 2

Le moment venu, sortir les morceaux congelés. Verser dans le blender et ajouter les autres ingrédients. Si besoin, verser en toute petite quantité de la boisson végétale pour que le mixage se fasse plus facilement.

ÉTAPE 3

Servir dans un bowl et ajouter les toppings. Déguster aussitôt.

** Une nice cream (contraction de* banana et de ice cream *en anglais) est une glace maison à base de banane.*

PLACE À L'AUTOHYPNOSE AVEC KÉVIN FINEL

Kévin Finel est un grand spécialiste de l'hypnose. Fort d'une vaste expérience auprès de plus de 3 000 personnes, il exerce en tant que thérapeute et formateur. Il est également le président de l'Arche **(Académie de recherche et de connaissance en hypnose ericksonienne)**, et l'auteur de plusieurs ouvrages sur l'autohypnose, dont le livre à succès *Explorez les capacités de votre cerveau* (Leduc). Pour cet ouvrage, Kévin a la gentillesse et la générosité de vous proposer trois exercices pour vous aider à décrocher de votre addiction au sucre. Retrouvez-le également sur son compte Instagram pour suivre son actualité et ses conseils.

Bon entraînement !

INTRODUCTION

Nous n'avons jamais appris à créer ou à modifier nos comportements. Ceux-ci se sont construits de façon automatique, en fonction de nos histoires de vie et de nos expériences. Nous ne les avons pas choisis volontairement et, le plus souvent, nous avons oublié d'où ils viennent et comment ils se sont installés. La majorité du temps, cela ne nous pose aucun problème : nos réactions sont presque toujours parfaitement adaptées aux situations que nous rencontrons...

Mais il arrive que l'un de ces comportements soit inadapté, excessif, encombrant. Les **compulsions** et autres **addictions** en sont un bon exemple. La croyance populaire est qu'il faut de la volonté et de la force de caractère pour se défaire de ce type de comportement. **Il s'agit d'un mythe**. Non seulement cette idée et fausse, mais elle finit par générer de la culpabilité : les personnes qui ont une compulsion et à qui on transmet cette idée vivent un sentiment d'échec qui les conduit à se juger faibles d'esprit et incapables de changer. C'est une **double peine**.

Or on sait aujourd'hui qu'un changement durable ne s'obtient quasiment jamais en forçant avec la « **volonté** ». Ce mode de fonctionnement amène de la **frustration**, un sentiment de lutte perpétuelle ou l'impression d'agir contre soi-même. Le changement ne s'ancre pas dans ces conditions et, à la moindre occasion, **un retour en arrière** se profile ! C'est typiquement ce que vivent les personnes qui font le **yo-yo** avec leur poids en enchaînant les régimes restrictifs.

Ce que j'aimerais vous proposer dans cette partie va dans une autre direction.

Un **changement durable** s'obtient en comprenant **ses fonctionnements inconscients**, en utilisant les **mécanismes d'apprentissage de son cerveau** pour modifier nos réactions profondes. Si on procède ainsi, on ne lutte pas contre soi-même, bien au contraire : on s'allie à ses fonctionnements naturels. **Et c'est ici que l'hypnose intervient.**

L'hypnose est basée sur l'étude de nos **fonctionnements inconscients**. Les intuitions qui sont à l'origine de cette discipline sont anciennes, mais le développement de la psychologie cognitive et des neurosciences ont considérablement amélioré cette pratique qui s'appuie désormais sur un solide socle de recherches.

Ce que peu de personnes savent, c'est qu'on peut pratiquer l'hypnose sur soi-même : on parle alors **d'autohypnose**. Il s'agit de se guider dans des expériences qui utilisent l'imagination et les ressentis. Les quelques expériences que vous allez découvrir dans cette partie découlent de ces principes et sont très **simples à réaliser**. Certaines vous correspondront peut-être plus que d'autres, en fonction de la nature de votre compulsion.

Testez-les, sentez ce qu'elles apportent et ce qu'elles changent en vous.

Utilisez-les à chaque fois que vous en ressentez le besoin : progressivement, elles modifieront vos habitudes, et vous aideront à vous libérer de cette envie de sucre !

QUELQUES CONSEILS POUR RÉALISER CES EXPÉRIENCES

- **Prenez un rendez-vous avec vous-même:** ces expériences sont courtes, mais gagnent à être vécues. Trouvez un lieu où vous êtes bien, et autorisez-vous à vous couper du monde pendant quelques minutes.
- **Avant de commencer, lisez une ou deux fois les etapes** pour comprendre où l'expérience va vous mener. Il ne s'agit pas de les retenir dans le détail, mais de sentir la direction générale, l'intention.
- **Au début de chaque expérience, fermez les yeux et laissez votre imagination vous guider** lors de chaque étape. Les yeux fermés, notre cerveau passe naturellement dans un autre mode et notre imagination s'active.
- **L'imagination n'est pas forcément visuelle:** vous n'avez pas besoin de visualiser pendant ces expériences. Si des images viennent, c'est très bien, mais, parfois, il n'y a que du ressenti, et c'est en fait l'essentiel !
- **Acceptez ce qui vient.** Quand on se connecte à sa part inconsciente, des intuitions ou des prises de conscience remontent à la surface… Il se peut que ce soit surprenant, mais ce sera toujours très juste !
- **Enfin, c'est une autohypnose douce :** on ne cherche pas ici un état profond. Vous allez rester connecté·e à votre corps et à la réalité. Pas besoin de fortement modifier votre état de conscience pour vivre ces expériences et bénéficier de leurs effets.

Une fois ces idées en tête, vous serez prêt.e à commencer à explorer et à modifier vos mécanismes !

EXPÉRIENCE N° 1: SE CONNECTER AUX BESOINS DU CORPS

Vous vous apprêtez à grignoter ? à prendre un aliment sucré ? À cette idée, vous vous connectez au **goût** de cet aliment, au **plaisir** que le sucre pourrait vous procurer... et, inévitablement, l'attirance grandit. Au fond, vous êtes déjà en train de vous **autohypnotiser**: vos pensées génèrent une envie, du désir, et, une fois ce processus lancé, il est difficile de passer à autre chose tant que l'envie n'est pas satisfaite. Cette expérience va donc consister à modifier la réaction de votre corps en passant par **l'instinct**.

1. Retrouvez le goût du sucre

Pour la première étape, procédez comme d'habitude : imaginez le goût de l'aliment. Ressentez-le dans votre bouche. Un réflexe de salivation va se créer, votre corps va commencer à réagir à votre imagination.

2. Connectez-vous à votre instinct

Maintenant, visualisez cet aliment dans votre estomac. Connectez-vous à cette partie de votre corps, en posant la main dessus si cela vous aide. Imaginez que vous l'avez déjà mangé et que vous le digérez, tout en ressentant l'expérience. Votre corps sait ce qui est bon pour vous et que ce sucre lui apporte quelque chose qui est beaucoup trop riche. En voyant l'aliment dans votre estomac, ce n'est pas au goût que vous vous connectez, mais à son effet réel sur votre corps. Laissez tout doucement émerger une sensation de rejet, et peut-être même de dégoût.

3. Connectez-vous aux besoins de votre corps

À présent, comme si vous vous posiez une question, demandez à votre corps ce dont il a besoin. C'est à votre corps tout entier que vous vous connectez cette fois, comme si vous cherchiez à ressentir son état. Imaginez-vous lui poser ces questions :

Qu'as-tu envie de manger? De quoi as-tu besoin?

Laissez ces questions infuser en vous et soyez attentif·ve à vos ressentis, images, pensées, à tout ce qui peut émerger d'une part profonde de vous-même : laissez venir les réponses de votre corps. De nouvelles envies vont affluer à votre conscience : des envies bien plus intéressantes pour vous !

En passant par ces trois étapes, vous apprenez à ne plus vous arrêter au goût, mais à ressentir d'autres réactions, d'autres instincts. Notre corps est intelligent ; il sait nous informer de ses besoins si on l'écoute. Plus vous allez pratiquer cet exercice, et moins vous passerez de temps à la première étape, pour vous connecter de plus en plus directement à la 2e, qui fera rapidement passer votre envie initiale.

EXPÉRIENCE N° 2: À LA RECHERCHE DU BESOIN CACHÉ

Avez-vous déjà remarqué que derrière nos comportements compulsifs se cachent souvent d'autres besoins ? On nomme cela le besoin caché : il est courant que l'envie de sucre masque une autre envie, plus profonde. Quelle est cette envie ? Elle est différente pour chacun. Parfois, le sucre est une stimulation qui cache un vide, un manque affectif. Il est possible que ce soit une façon de se rassurer, de s'apaiser en s'accordant de la douceur. Il arrive que ce soit une récompense que l'on s'octroie, et bien d'autres choses encore. Néanmoins, le plus souvent, ce besoin n'est pas vraiment conscient. Le sucre permet de le satisfaire de façon superficielle mais suffisante pour donner l'illusion d'être bien pour un petit laps de temps... avant que cela ne recommence.

Cette seconde expérience consiste à se connecter à ce besoin caché. Pour le reconnaître déjà, ce qui apporte un vrai soulagement. Mais aussi pour sentir qu'il y a d'autres façons de le combler, d'autres moyens que le sucre. Ainsi, le besoin de sucre va progressivement perdre sa raison d'être initiale. Par ce procédé, on déracine le comportement : il se dévitalise alors progressivement jusqu'à se dissoudre.

1. Repensez à la dernière fois que vous avez craqué pour un aliment sucré

Prenez quelques instants pour vous détendre avant de remonter le temps pour revenir ç un moment récent où il vous a été impossible de vous retenir ou de différer votre envie. Revivez la scène, surtout le moment avant de consommer l'aliment sucré.

2. Demandez-vous quel besoin se cachait derrière cette envie

Vous êtes juste à ce moment où vous allez craquer : mettez en pause ce souvenir et demandez-vous : de quoi aviez-vous vraiment besoin ou envie ? Que se passait-il pour vous à cet instant, que ressentiez-vous ?

Plongez en vous, comme pour aller voir derrière la réaction apparente, jusqu'à trouver ce qui en est à l'origine. Parfois, des émotions remontent à la surface quand on se reconnecte au besoin profond : laissez ces émotions passer, c'est une bonne chose !

3. Connectez-vous à ce besoin, reconnaissez-le

Le plus souvent, nous censurons nos besoins profonds. Nous cherchons à les faire taire pour ne pas avoir à les affronter... Alors ils reviennent encore plus fort. Mais, là, vous faites face à ce besoin : reconnaissez-le, acceptez-le. Un sentiment de soulagement devrait émerger et affluer à votre conscience.

4. Connectez-vous à votre créativité

Maintenant, posez-vous la question : existe-t-il d'autres façons, plus intéressantes, de répondre à ce besoin ? Connectez-vous à votre imagination, à votre créativité : demandez-vous ce qui pourrait vous satisfaire, vous combler, de façon bien plus réelle que ne le faisait cette compulsion.

EXPÉRIENCE N° 3: SE RÉCOMPENSER AUTREMENT

Connaissez-vous le circuit de la récompense ? Il s'agit d'un mécanisme que les neurosciences ont identifié et qui explique en bonne partie nos comportements compulsifs. Lucile en parle d'ailleurs au début de ce livre. L'idée est simple : chaque fois que l'on fait quelque chose qui est bien pour nous – pour notre corps –, notre cerveau active la création d'un cocktail hormonal à base de dopamine qui nous procure du plaisir. C'est un mécanisme qui assure notre survie : quand nous avons soif et que nous buvons, le plaisir de nous désaltérer est enregistré et nous pousse à boire quand nous avons soif. Le mécanisme est en fait identique avec tout ce qui nous fait du bien : c'est ainsi qu'on a développé un ensemble de comportements constructifs et positifs. En d'autres mots, notre cerveau nous a éduqué·es grâce à ces récompenses.

Le problème est que notre cerveau s'est construit de façon progressive durant une période qui s'étire sur des millions d'années, et dans un milieu qui ne ressemble pas du tout à notre vie moderne. Aussi, certaines substances présentes aujourd'hui ont tendance à dérégler le fonctionnement de notre cerveau en suractivant le mécanisme de la récompense : c'est le cas avec différentes drogues, et bien entendu avec le sucre. La réaction hormonale est alors trop forte et nous pousse à en reprendre. Ce mécanisme qui nous protégeait à l'origine devient alors destructeur...

L'expérience qui suit a pour but de moduler ce fonctionnement, de rétablir un mécanisme de récompense plus équilibré. Il faudrait en fait mettre à jour notre cerveau pour qu'il s'adapte à notre vie moderne et aux fortes sollicitations qu'elle génère !

1. Remontez dans le temps

Prenez quelques instants pour vous détendre, puis connectez-vous à un souvenir récent lors duquel vous avez consommé du sucre. Remontez le temps jusqu'au moment où votre corps vous procure la récompense : c'est généralement un sentiment positif, comme une validation. Retrouvez la scène, revivez-la.

2. Observez le mécanisme de la récompense

En rejouant cette scène, imaginez la chimie de votre corps en action. Il y a une très bonne intention derrière cette réaction. Ressentez la façon dont quelque chose en vous, de façon automatique et conditionnée, a tenté de vous récompenser, comme si vous aviez vraiment fait quelque chose de bien pour vous.

Cette compréhension profonde va aussi créer une prise du recul, comme lorsque l'on repense à un comportement qu'on avait quand on était très jeune, enfant. On peut regarder ce comportement avec bienveillance tout en se sentant profondément étranger à celui ou celle qu'on était à l'époque.

3. Transformer sa réaction

Vous allez maintenant vous adresser à votre corps. Parlez-vous mentalement, avec l'intention d'atteindre vos réactions inconscientes et profondes, comme si vos pensées résonnaient dans tout votre être. Demandez à votre corps de diminuer sa réaction, dites-lui que cet excès de sucre est mauvais, bien trop riche pour votre santé. Demandez-lui de procurer un plaisir plus faible quand vous en consommez, sans pour autant le faire disparaître entièrement. Faites-lui confiance pour trouver le bon niveau.

Il vous reste à pratiquer ces expériences en fonction de vos besoins: après les avoir testées une fois ou deux, vous sentirez à quels moments elles correspondent aux situations que vous traversez. Progressivement, vous rééduquerez vos fonctionnements inconscients et vous libérerez des réactions excessives qui étaient ancrées en vous !

7

30 recettes SAINES & RAPIDES

Ces recettes peuvent être intégrées à partir de la **phase 3** du sevrage. Elles vous aideront à **vous faire plaisir** tout en vous familiarisant avec des ingrédients plus sains et en **gardant le contrôle sur votre glycémie**.

Pour concevoir ces recettes, j'ai sélectionné une gamme de produits de **Force Ultra Nature**. Si vous souhaitez vous procurer ces produits, rendez-vous sur le site de la marque en scannant ce QR code :

COOKIES AU TAHINI

Force Ultra Nature
PROTÉINES BIO ET SUPERALIMENTS

PRÉPARATION	CUISSON	USTENSILES	PORTIONS
10 min	10-12 min	Plaque de cuisson, four	5-6

INGRÉDIENTS

- 40 g de tahini (purée de sésame)
- 1,5 c. à soupe de compote de pommes sans sucres ajoutés
- 40 g d'huile d'olive
- 30 g de sucre de Coco **Force Ultra Nature**
- 60 g de son d'avoine
- 95 g de farine de sarrasin
- ½ c. à café de poudre à lever
- Pépites de cacao 80 %

- Mélanger le tahini avec la compote et l'huile d'olive.
- Incorporer le sucre de Coco en remuant bien.
- Ajouter le son d'avoine, puis la farine, petit à petit, et, enfin, la poudre à lever.
- Incorporer les pépites de cacao.
- Former 5 ou 6 boules de pâte et les déposer sur une plaque recouverte de papier cuisson. Les aplatir pour former les cookies.
- Enfourner pour 10 à 12 min à 180 °C.

GLACES AUX FRUITS ROUGES ET BAIES D'AÇAÏ

Force Ultra Nature
PROTÉINES BIO ET SUPERALIMENTS

PRÉPARATION	CUISSON	USTENSILES	PORTIONS
10 min	–	Moules à esquimaux, bâtonnets en bois	2-3

INGRÉDIENTS

- 2 ou 3 poignées de fruits rouges frais ou congelés
- 6 c. à soupe de yaourt de coco
- 2 c. à soupe de sirop d'Agave **Force Ultra Nature**
- 2 c. à café de baies d'Açaï en poudre **Force Ultra Nature**

- Dans un grand bol, écraser grossièrement les fruits rouges, puis en disposer quelques-uns dans les moules à esquimaux.
- Ajouter le yaourt de coco, le sirop d'Agave, les baies d'Açaï en poudre, puis mélanger le tout.
- Verser dans les moules à Magnum et insérer les bâtonnets en bois.
- Placer au moins 4 h au congélateur ou jusqu'à ce que les glaces soient prises et complètement congelées.
- Laisser décongeler quelques instants avant de savourer.

PAIN AU PSYLLIUM

Force Ultra Nature
PROTÉINES BIO ET SUPERALIMENTS

PRÉPARATION
15 min

CUISSON
20 min

USTENSILES
Moule, four

PORTIONS
3-4

INGRÉDIENTS

- 50 g de Psyllium blond **Force Ultra Nature**
- 50 g de poudre de noisettes
- 50 g de poudre d'amandes
- 1 œuf entier et 2 blancs d'œufs
- 250 ml d'eau
- 1 c. à soupe de vinaigre de cidre bio non pasteurisé
- 1 c. à café de bicarbonate de soude
- 1 c. à café de Sel rose de l'Himalaya
- 2 c. à café de graines (sésame, courge, tournesol...)
- Huile de Coco pour le moule

- Préchauffer le four à 180 °C. Faire chauffer l'eau.
- Dans un saladier, mélanger le Psyllium blond avec les deux poudres d'oléagineux, le bicarbonate et le Sel rose, puis les œufs et le vinaigre.
- Verser l'eau chaude sur le mélange, puis remuer jusqu'à l'obtention d'une texture de pâte.
- La verser dans un moule à cake préalablement graissé à l'huile de Coco et parsemer des graines.
- Enfourner pour 50 minutes environ.

MADELEINES HEALTHY

Force Ultra Nature
PROTÉINES BIO ET SUPERALIMENTS

PRÉPARATION
5 min

CUISSON
6 min

USTENSILES
Moules à madeleines, four

PORTIONS
20

INGRÉDIENTS

- 2 œufs bio
- 90 g de purée de cajou
- 50 g de boisson végétale à l'amande
- 50 g de Xylitol **Force Ultra Nature**
- 65 g de farine d'épeautre entière bio
- ½ sachet de levure
- 70 g de pépites de chocolat 80 %
- Huile de Coco

- Préchauffer le four à 200 °C.
- Mélanger les œufs avec purée de cajou et la boisson végétale.
- Après l'obtention d'une consistance homogène, incorporer le Xylitol, la farine et la levure. Verser les pépites de chocolat.
- Huiler légèrement les moules à madeleines avec de l'huile de Coco et les remplir de pâte aux trois quarts.
- Enfourner pour 4 min. Ouvrir le four 1 min, tout en baissant la température à 180 °C. Refermer et poursuivre la cuisson 2 min. Cette différence de température permettra de former la petite bosse des madeleines.
- Bien laisser refroidir avant de démouler. Conserver dans un endroit sec.

Force Ultra Nature
PROTÉINES BIO ET SUPERALIMENTS

CAFÉ LATTE BEAUTÉ

PRÉPARATION	CUISSON	USTENSILES	PORTIONS
5 min	-	Machine à expresso, mousseur à lait	10-12

INGRÉDIENTS

- 1 ou 2 capsules de café (en fonction de l'intensité souhaitée)
- 500 ml de boisson végétale à la coco
- ½ c. à café de Reishi **Force Ultra Nature** (renforce l'immunité)
- 1 c. à café de Maca **Force Ultra Nature**
- 1 pincée de cannelle (facultatif)

- Préparer un expresso long, puis y ajouter le Reishi et la Maca. Bien mélanger. Vous pouvez utiliser un mousseur à lait électrique pour plus de facilité.
- Faire chauffer la boisson végétale et la verser sur l'expresso.
- Battre le lait restant avec un fouet ou le mousseur jusqu'à l'obtention d'une jolie mousse légère, puis ajouter la mousse sur le café.

Force Ultra Nature
PROTÉINES BIO ET SUPERALIMENTS

PIZZA À LA PATATE DOUCE

PRÉPARATION	CUISSON	USTENSILES	PORTIONS
15 min	25-30 min	Casserole, rouleau à pâtisserie, four	2

INGRÉDIENTS

Pour la pâte :

- 2 patates douces
- ½ mug de farine de patates douces
- de mug de farine de lupin
- 2 c. à soupe de protéine de Chanvre nature **Force Ultra Nature**
- 1 pincée de bicarbonate de soude
- Sel rose de l'Himalaya

Pour le topping :

- 2 oignons rouges
- 1 c. à soupe de sauce tamari
- Sauce tomate sans sucre ajouté
- 1 c. à soupe d'huile d'olive
- Fromage râpé ou flocons de levure noble
- Quelques olives noires
- Protéine au choix : jambon sans sucres ajoutés, tofu, etc.

- Éplucher les patates douces et les faire cuire 10 min à l'eau.
- Les écraser en purée, laisser refroidir et verser dans un saladier.
- Ajouter les farines, la protéine de Chanvre, le bicarbonate et le Sel rose.
- Rouler en boule et aplatir à l'aide d'un rouleau à pâtisserie. Enfourner pour 10-15 min à 180 °C.
- Pendant ce temps, faire dorer les oignons émincés à l'huile, puis ajouter la sauce tamari.
- Incorporer la sauce tomate en remuant bien et verser sur la pâte cuite. Ajouter la protéine choisie.
- Saupoudrer de flocons de levure noble ou de fromage râpé, puis enfourner pour 5 min.

COOKIES AU BEURRE DE CACAHUÈTES

Force Ultra Nature
PROTÉINES BIO ET SUPERALIMENTS

PRÉPARATION 5 min

CUISSON 10 min

USTENSILES Plaque de cuisson, four

PORTIONS 10

INGRÉDIENTS

- 75 g de purée de cacahuètes naturelle, non sucrée et sans ajout de matières grasses
- 50 g de farine complète de riz
- 25 g de Xylitol **Force Ultra Nature**
- 30 ml de boisson végétale à l'amande
- 3 g de poudre à lever

- Mélanger tous les ingrédients jusqu'à l'obtention d'une pâte collante, puis former environ 10 boules de pâte avec vos mains.
- Aplatir légèrement chaque petite boule avant de former un quadrillage avec une fourchette.
- Enfourner pour 10 min à 180 °C.

GAUFRES À LA MACA

Force Ultra Nature
PROTÉINES BIO ET SUPERALIMENTS

PRÉPARATION 5 min

CUISSON 3-5 min

USTENSILES Casserole, gaufrier

PORTIONS 5-6

INGRÉDIENTS

- 480 g de farine d'épeautre entière ou d'orge mondé bio
- 82,5 ml de boisson végétale amande nature
- 3 c. à soupe de Xylitol **Force Ultra Nature**
- 20 g d'huile de Coco
- 1½ à 2 c. à soupe de Maca **Force Ultra Nature**
- 2 c. à café de levure
- ½ c. à café de sel marin
- 1 c. à café de poudre de vanille

- Si l'huile de coco n'est pas déjà liquide à température pièce, la faire fondre dans une petite casserole à feu doux.
- Dans un grand bol, mélanger la farine avec la levure, le Xylitol et le sel.
- Ajouter l'huile de Coco, puis la boisson végétale progressivement en brassant avec une cuillère. Mélanger jusqu'à ce que la pâte soit lisse et uniforme.
- Ajouter la Maca. Mélanger de nouveau.
- Faire cuire les gaufres en suivant le mode d'emploi du gaufrier.
- Servir avec du yaourt de coco, de la purée d'oléagineux, des fruits frais ou du chocolat noir 80 %.

TORTILLAS DE LÉGUMES

Force Ultra Nature
PROTÉINES BIO ET SUPERALIMENTS

PRÉPARATION	CUISSON	USTENSILES	PORTIONS
10 min	35 min	Poêle, râpe	2

INGRÉDIENTS

- 1 mug de carottes râpées
- 1 mug de poireaux émincés
- 1 mug de courgettes râpées
- 1 mug de farine de pois chiches
- 2 œufs
- 1 mug de boisson végétale à l'amande
- Sel rose de l'Himalaya

- Faire mijoter les légumes 30 min dans une poêle.
- Mélanger les œufs avec la boisson végétale, le sel rose et du poivre.
- Verser sur les légumes. Faire cuire 5 min d'un côté, puis 5 min de l'autre.

MILKSHAKE COCO PROTÉINÉ

Force Ultra Nature
PROTÉINES BIO ET SUPERALIMENTS

PRÉPARATION	CUISSON	USTENSILES	PORTIONS
5 min	–	Blender	1

INGRÉDIENTS

- ½ banane congelée
- 200 ml de boisson végétale à la coco
- 2 c. à soupe de yaourt de coco
- 1 c. à soupe de protéine de Chanvre **Force Ultra Nature**
- 1 c. à soupe de BCAA vegan **Force Ultra Nature**
- 1 c. à café de cannelle moulue

- Placer tous les ingrédients dans un blender, puis mixer jusqu'à ce que le mélange soit complètement lisse et crémeux.
- Verser dans un verre. Garnir si besoin d'un peu de yaourt supplémentaire et de cannelle.
- Boire immédiatement.

BISCUITS AUX NOIX

Force Ultra Nature
PROTÉINES BIO ET SUPERALIMENTS

PRÉPARATION 5 min

CUISSON 15 min

USTENSILES Papier cuisson plaque de cuisson, four

PORTIONS 4

INGRÉDIENTS

- 100 g de son d'avoine
- 15 g de sucre de Coco **Force Ultra Nature**
- 1 jaune d'œuf
- 25 g de noix de pécan
- 1 pincée de Sel rose de l'Himalaya
- Huile de Coco

- Mélanger tous les ingrédients, sauf l'huile de Coco, jusqu'à l'obtention d'une pâte.
- Graisser du papier cuisson avec un peu d'huile de Coco et y déposer 4 boules de pâte.
- Aplatir la pâte pour former des biscuits et enfourner à 200 °C.

MENDIANTS 2.0

Force Ultra Nature
PROTÉINES BIO ET SUPERALIMENTS

PRÉPARATION 15 min

CUISSON 5 min

USTENSILES Casserole, papier cuisson

PORTIONS 4-5

INGRÉDIENTS

- 1 tablette de chocolat 100 %
- 25 g de Reishi en poudre **Force Ultra Nature**
- 12 g de Xylitol **Force Ultra Nature**

Pour le topping :

- Flakes de coco
- Graines de courge
- Zeste d'orange

- Casser la tablette de chocolat en morceaux et la faire fondre au bain-marie.
- Ajouter le reste des ingrédients et bien mélanger.
- Prélever 1 c. à soupe et verser sur du papier cuisson en formant des ronds.
- Agrémenter du topping souhaité, puis laisser refroidir et conserver dans une boîte hermétique au réfrigérateur.

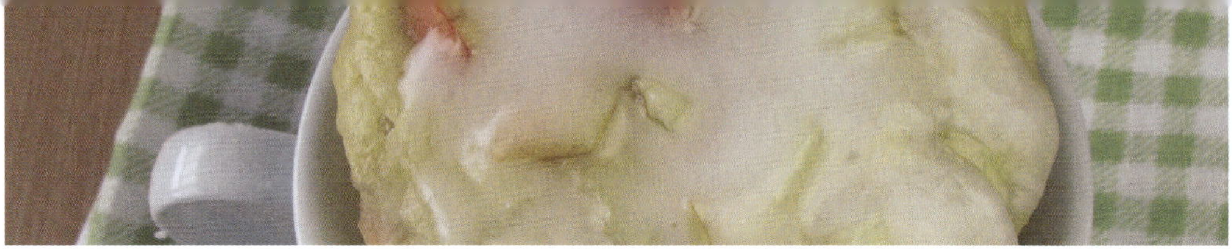

MUGCAKE À LA POMME

Force Ultra Nature
PROTÉINES BIO ET SUPERALIMENTS

PRÉPARATION
5 min

CUISSON
15 min

USTENSILES
Râpe, mixeur, micro-ondes

PORTIONS
1

INGRÉDIENTS

- 40 g de flocons d'avoine ou de sarrasin
- 2 à 3 c. à soupe de yaourt végétal nature
- 2 c. à soupe de protéine de Riz vanille **Force Ultra Nature**
- 1 œuf
- 1 pomme
- 1 c. à café d'huile de Coco
- 1 c. à café de bicarbonate de soude
- 1 pincée de Sel rose de l'Himalaya
- 1 c. à café de poudre de vanille (facultatif)
- Le zeste de 1 citron (facultatif)

- Éplucher la pomme et la râper.
- Verser l'œuf dans un saladier avec le yaourt, la protéine de Riz, le zeste de citron, le bicarbonate, la poudre de vanille et les flocons d'avoine ou de sarrasin. Bien mélanger.
- Ajouter la pomme râpée et mélanger de nouveau.
- Graisser le mug avec l'huile de Coco et transvaser la préparation. Faire cuire environ 40 secondes au micro-ondes.

CRÈME DESSERT À BASE DE PSYLLIUM

Force Ultra Nature
PROTÉINES BIO ET SUPERALIMENTS

PRÉPARATION
5 min

CUISSON
–

USTENSILES
Blender

PORTIONS
1

INGRÉDIENTS

- 1 c. à soupe de Psyllium blond en poudre **Force Ultra Nature**
- 1 c. à café de Cacao en poudre **Force Ultra Nature**
- 1 c. à café de Reishi en poudre **Force Ultra Nature**
- 1 mug (environ 230 ml) de boisson végétale (amande, chanvre, soja)

- Mixer tous les ingrédients dans un blender.
- Verser dans un mug.
- Attendre quelques minutes avant de savourer.

Force Ultra Nature
PROTÉINES BIO ET SUPERALIMENTS

CUPCAKES AUX CACAHUÈTES

PRÉPARATION	CUISSON	USTENSILES	PORTIONS
5 min	15 min	Fouet, four, caissettes plissées	1

INGRÉDIENTS

- 3 c. à soupe de farine de lupin
- 1 c. à soupe de Lucuma **Force Ultra Nature**
- 1 c. à soupe de sucre de Coco **Force Ultra Nature**
- 1 c. à soupe de purée de cacahuètes
- 2 c. à soupe de compote de pommes sans sucres ajoutés
- ½ c. à café de poudre de vanille
- 4 c. à soupe de boisson végétale
- 1 pincée de bicarbonate alimentaire

- Mélanger tous les ingrédients en ajoutant de la boisson végétale si besoin.
- Enfourner pour 15 min à 200 °C.

Force Ultra Nature
PROTÉINES BIO ET SUPERALIMENTS

RIZ DE CHOU-FLEUR

PRÉPARATION	CUISSON	USTENSILES	PORTIONS
10 min	10 min	Poêle, blender, étamine	3-4

INGRÉDIENTS

- 1 chou-fleur
- ½ mug d'amandes effilées
- ¼ mug de graines de Chanvre **Force Ultra Nature**
- 2 c. à soupe d'huile d'olive extravierge
- 2 gousses d'ail émincées
- 1 à 2 c. à soupe de jus de citron
- Sel rose de l'Himalaya
- ¾ de mug d'herbes fraîches (persil, basilic...)
- Huile de Chanvre **Force Ultra Nature**

- Couper l'extrémité du tronc du chou-fleur afin de retirer les feuilles et le vert pour ne garder que le blanc.
- Mixer les fleurettes de chou-fleur dans un blender. Pour un meilleur résultat, verser le riz de chou-fleur dans une étamine et presser pour enlever l'excédent d'eau.
- Verser les amandes dans une poêle et les faire dorer quelques minutes, puis réserver.
- Ajouter l'huile d'olive dans la poêle et y verser l'ail émincé.
- Ajouter le chou-fleur et faire cuire 10 min environ.
- Pendant ce temps, couper les herbes et presser le citron. Les ajouter dans la poêle avec les amandes et les graines de Chanvre.
- Remuer et assaisonner avec le sel rose et l'huile de Chanvre selon le goût avant de servir.

Force Ultra Nature
PROTÉINES BIO ET SUPERALIMENTS

PUDDING DE CHIA

PRÉPARATION	CUISSON	USTENSILES	PORTIONS
5 min	–	Petit saladier, fouet	1

INGRÉDIENTS

- 2 c. à soupe de graines de chia
- 1 c. à soupe de purée d'amandes complètes
- 100 ml de boisson végétale à la coco
- ½ mug de fruits des bois
- 1 c. à café de Cacao en poudre **Force Ultra Nature**
- 1 c. à café de Reishi en poudre **Force Ultra Nature**
- 1 c. à soupe de protéine de Riz chocolat **Force Ultra Nature** (facultatif)

- Verser tous les ingrédients dans un petit saladier et les mélanger à l'aide d'un fouet.
- Laisser reposer 5 min, puis mélanger de nouveau afin d'éviter les grumeaux.
- Ajouter de la boisson végétale supplémentaire si besoin.
- Conserver dans un bol toute une nuit au réfrigérateur et déguster le dessert le lendemain.

Force Ultra Nature
PROTÉINES BIO ET SUPERALIMENTS

MOUSSE « CHOCOFU »

PRÉPARATION	CUISSON	USTENSILES	PORTIONS
5 min	–	Mixeur ou blender, verrines	2

INGRÉDIENTS

- 400 g de tofu soyeux
- 2 c. à soupe de noix de coco râpée
- 1 c. à soupe de Cacao en poudre **Force Ultra Nature**

Pour le topping :

- Framboises
- 1 petite poignée d'amandes effilées

- Mixer le tofu, la noix de coco et le Cacao.
- Verser dans des verrines, ajouter le topping et conserver au frais jusqu'à dégustation.

Force Ultra Nature
PROTÉINES BIO ET SUPERALIMENTS

PANCAKE PROTÉINÉ

PRÉPARATION	CUISSON	USTENSILES	PORTIONS
2 min	15 min	Fouet, poêle	1

INGRÉDIENTS

- 1 œuf
- 2 c. à soupe de protéine de Chanvre vanille ou chocolat **Force Ultra Nature**
- Poudre de vanille (facultatif)
- Huile de Coco

- Mélanger l'œuf, la protéine de Chanvre et éventuellement la poudre de vanille jusqu'à l'obtention d'une texture de pâte à pancake, pas trop liquide.
- Huiler la poêle avec l'huile de Coco et faire cuire le pancake.

Force Ultra Nature
PROTÉINES BIO ET SUPERALIMENTS

POWER YAOURT

PRÉPARATION	CUISSON	USTENSILES	PORTIONS
3 min	–	–	1

INGRÉDIENTS

- 1 yaourt nature (chèvre ou végétal)
- 1 c. à soupe de graines de lin moulues
- 1 c. à soupe de graines de Chanvre **Force Ultra Nature**
- 1 c. à soupe de noix de coco râpée
- ½ mug de myrtilles
- Poudre de vanille (facultatif)

Pour le topping :

- Myrtilles
- Flakes de coco
- 1 c. à soupe de flocons d'avoine ou de sarrasin

- Dans un bol, verser et mélanger tous les ingrédients.
- Ajouter quelques myrtilles, des flakes de coco et les flocons en topping.

Force Ultra Nature
PROTÉINES BIO ET SUPERALIMENTS

RAINBOW BUDDHA BOWL

PRÉPARATION 15 min

CUISSON 20 min

USTENSILES Four, plaque de cuisson, blender

PORTIONS 3-4

INGRÉDIENTS

Pour la salade :

- 1 patate douce
- Quelques petits radis
- 1 c. à soupe d'huile d'olive extravierge
- 2 carottes
- ½ chou rouge
- Quelques feuilles de salade verte
- 1 mug de quinoa déjà cuit
- 1 mug de pois chiches cuits
- ½ mug de légumes lactofermentés au choix
- 2 c. à soupe de graines de Chanvre **Force Ultra Nature**
- Sel rose de l'Himalaya
- 1 grenade

Pour la sauce :

- 1 petit oignon
- 1 gousse d'ail
- 1 c. à café d'huile de Coco
- ¼ de mug de purée de cacahuètes nature
- 1 c. à soupe de vinaigre de cidre non pasteurisé
- 2 c. à soupe de sauce tamari
- ½ c. à soupe d'huile de sésame non grillée
- ¼ de mug d'eau

- Préchauffer le four à 200 °C.
- Couper les légumes et la grenade.
- Mélanger la patate douce avec l'huile d'olive et le sel rose. Verser sur une plaque de cuisson et enfourner pour 20 min environ.
- Pendant ce temps, mixer tous les ingrédients de la sauce dans un blender. Les verser dans un grand bol, avec les ingrédients de la salade.
- Ajouter la sauce à la salade et bien mélanger.

Force Ultra Nature
PROTÉINES BIO ET SUPERALIMENTS

ROCKY ROAD VEGAN

PRÉPARATION 10 min

CUISSON –

USTENSILES Mixeur, rouleau à pâtisserie

PORTIONS 2

INGRÉDIENTS

- 2 c. à soupe de farine de coco
- 2 c. à soupe de purée d'amandes complètes
- 2 c. à soupe de protéine de Riz au chocolat **Force Ultra Nature**
- ½ c. à café de cannelle en poudre (facultatif)
- 1 verre d'eau
- 2 c. à soupe de noix concassées

- Mixer tous les ingrédients, sauf les noix, en y ajoutant progressivement l'eau.
- Aplatir le mélange à l'aide d'un rouleau à pâtisserie, puis placer la pâte 1 h au congélateur.
- Une fois la pâte durcie, ajouter les noix concassées et couper en morceaux.

SWEET BROWNIES

Force Ultra Nature
PROTÉINES BIO ET SUPERALIMENTS

PRÉPARATION 10 min

CUISSON 40 min

USTENSILES Mixeur, four, moule à brownie

PORTIONS 4

INGRÉDIENTS

- 3 patates douces de taille moyenne
- 1 tablette de chocolat noir 75 %
- 1 c. à café de Caroube **Force Ultra Nature**
- 120 g de poudre d'amandes
- ½ mug de noisettes concassées
- Huile de Coco

- Laver les patates douces et les enfourner pour 40 min à 200 °C.
- Prélever leur chair, puis la mixer avec le chocolat et la poudre d'amandes.
- Verser la préparation dans un moule à brownie préalablement graissé à l'huile de Coco et la parsemer de noisettes concassées.

BOUILLON DE NOUILLES SOBA AU GINGEMBRE

Force Ultra Nature
PROTÉINES BIO ET SUPERALIMENTS

PRÉPARATION 40 min

CUISSON 20 min

USTENSILES Grande casserole

PORTIONS 3-4

INGRÉDIENTS

Pour la soupe :

- 2 gousses d'ail
- 4 oignons blancs
- 1 filet d'huile d'olive
- 1,5 l de bouillon de légumes
- 375 ml d'eau
- 2½ c. à soupe de gingembre bio en poudre
- 1 c. à café de sirop d'Agave **Force Ultra Nature**
- 3 c. à soupe de sauce tamari
- 120 g de champignons de Paris
- 95 g de brocoli
- 3 carottes
- 75 g de tofu
- 90 g de nouilles soba
- ½ à 1 c. à café de miso

Pour accompagner :

- Bok choys tranchés, grillés
- 1 poignée de haricots mungo
- 1 poignée d'épinards
- Flocons de chili
- Graines de sésame

- Émincer l'ail et les oignons. Dans une grande casserole, les faire revenir quelques minutes à feu doux avec l'huile d'olive.
- Ajouter le bouillon de légumes, l'eau, le gingembre, la sauce tamari et le sirop d'Agave. Porter à ébullition à feu vif.
- Couper les carottes en lanières, puis les champignons et le brocoli. Réserver.
- Porter le bouillon à ébullition, puis ajouter les légumes et baisser le feu à moyen. Faire cuire 10 min à découvert.
- Couper le tofu en cubes, puis l'ajouter à la casserole et prolonger la cuisson de 5 min à feu moyen.
- Éteindre le feu, puis ajouter les nouilles soba et le miso. Laisser reposer 5 min, le temps que les nouilles cuisent. Brasser avec une cuillère et ajuster le goût au besoin (sel, gingembre, miso).
- Servir dans un joli bol et garnir, au choix.

BISCUITS EXPRESS AMANDES

Force Ultra Nature
PROTÉINES BIO ET SUPERALIMENTS

PRÉPARATION
5 min

CUISSON
10 min

USTENSILES
Mixeur, plaque de cuisson, papier cuisson, four

PORTIONS
4

INGRÉDIENTS

- 1 mug de purée d'amandes complètes
- 3 c. à soupe de sirop d'Agave **Force Ultra Nature**
- 1 œuf

- Préchauffer le four à 180 °C et recouvrir la plaque de four de papier cuisson.
- Mixer tous les ingrédients. Former des petites boules et les presser sur la plaque pour en faire des biscuits.
- Enfourner pour 10 min.

PURPLE HAZE SMOOTHIE

Force Ultra Nature
PROTÉINES BIO ET SUPERALIMENTS

PRÉPARATION
5 min

CUISSON
–

USTENSILES
Blender

PORTIONS
1

INGRÉDIENTS

- 2 poignées d'épinards
- ½ mug de myrtilles
- ½ avocat
- Le jus de ½ citron
- 150 g de tofu soyeux
- 1 mug d'eau
- 1 c. à soupe de baies d'Açaï en poudre **Force Ultra Nature**
- 1 c. à soupe de Guarana en poudre **Force Ultra Nature**

- Mixer tous les ingrédients.
- Verser dans un verre et déguster directement.

TACOS IG BAS

PRÉPARATION 15 min | **CUISSON** 20 min | **USTENSILES** Blender, petit saladier, poêle | **PORTIONS** 4-6

INGRÉDIENTS

Pour les tortillas :
- 150 g de farine d'orge mondé
- 2 œufs
- 1 yaourt de coco nature
- 2 c. à soupe d'huile d'olive
- Sel marin
- Huile de Coco

Pour le topping :
- ½ chou vert, finement râpé
- ½ concombre
- 3 c. à soupe d'aneth, haché
- 300 g de saumon ou de tofu nature
- 3 avocats
- Le jus de 1 citron vert
- 1 c. à café de poudre de piment
- 1 c. à café de poudre d'oignon
- 1 c. à café d'origan séché
- 1 ou 2 c. à soupe de sauce soja ou de sauce tamari
- 1 c. à soupe de graines de Chanvre **Force Ultra Nature**
- Spiruline en paillettes **Force Ultra Nature** (facultatif)
- Sel et poivre

- Préparer les tortillas en mixant tous les ingrédients. Ajouter de l'eau jusqu'à obtenir une pâte à crêpes. Laisser reposer 30 min.
- Dans un petit saladier, verser la sauce soja ou la sauce tamari, le piment, la poudre d'oignon et l'origan. Couper le saumon ou le tofu en morceaux et les faire tremper dans la marinade. Pendant ce temps, éplucher le concombre et le chou, puis les hacher finement.
- Écraser les avocats en purée, ajouter la moitié du jus de citron vert et assaisonner.
- Faire cuire le saumon ou le tofu dans une poêle, puis les tortillas dans une autre poêle.
- Une fois les tortillas prêtes, les garnir de la purée d'avocats, des crudités et des morceaux de saumon ou de tofu. Y verser le reste de jus de citron, saupoudrer de graines de Chanvre, de Spiruline et d'aneth. Fermer les tortillas pour former des tacos.

YAOURT GLACÉ ANTIOXYDANT AU GINGEMBRE

PRÉPARATION 5 min | **CUISSON** – | **USTENSILES** Mixeur ou blender, verrines | **PORTIONS** 2

INGRÉDIENTS

- 1 gros pot de yaourt de coco (400 g)
- 1 mug de fruits des bois congelés
- Zeste de citron
- 1 c. à soupe de baies d'Acaï en poudre **Force Ultra Nature**
- 1 c. à soupe de Guarana en poudre **Force Ultra Nature**

- Mixer le yaourt et les fruits, puis ajouter le zeste de citron.
- Verser le contenu dans des verrines et déguster sans plus tarder.

CRÈME GLACÉE CITRONNÉE

Force Ultra Nature
PROTÉINES BIO ET SUPERALIMENTS

PRÉPARATION	CUISSON	USTENSILES	PORTIONS
5 min	–	Blender	2-3

INGRÉDIENTS

- 8 citrons
- 1 c. à soupe de Xylitol **Force Ultra Nature**
- 1 mug de boisson végétale à la coco

- Éplucher les citrons et les mettre à congeler.
- Une fois congelés, les mixer avec le reste des ingrédients. La texture doit ressembler à celle d'une crème glacée.
- Servir et déguster immédiatement.

GNOCCHIS DE PATATE DOUCE

Force Ultra Nature
PROTÉINES BIO ET SUPERALIMENTS

PRÉPARATION	CUISSON	USTENSILES	PORTIONS
10 min	20 min	Blender	4

INGRÉDIENTS

- 3 patates douces de taille moyenne
- 200 g de farine de sarrasin
- 1 œuf
- ½ c. à café de paprika
- ½ c. à café de cannelle
- 1 c. à café de Caroube **Force Ultra Nature** (facultatif)
- Sel rose de l'Himalaya
- Poivre

- Éplucher et laver les patates douces, puis les couper en morceaux.
- Les faire cuire 15 min environ à l'eau, puis les laisser refroidir.
- Les mixer au blender. Ajouter les autres ingrédients et mixer de nouveau. La texture doit être pâteuse.
- Prélever une partie de la pâte, l'étaler en rouleau, puis le couper en morceaux pour former des gnocchis.
- Faire cuire les gnocchis 3 min environ à l'eau bouillante.

8

C'est l'heure du BILAN

FAISONS LE POINT

Six semaines se sont écoulées depuis le début du sevrage.
Faisons un point sur votre addiction !

COCHEZ LA RÉPONSE QUI VOUS CORRESPOND PUIS CALCULEZ LE NOMBRE DE POINTS

	OUI (2)	NON (−2)	ÇA DÉPEND DES FOIS (0)
Depuis la fin de ce programme, avez-vous davantage recours aux sucrants dits « sains » (sucre de coco, sirop de yacón, etc.) qu'avant ?			
Depuis la lecture de ce livre, avez-vous fait le ménage dans votre placard ?			
Sucrez-vous encore vos boissons ?			
Avez-vous l'impression d'avoir moins d'envies de sucré ?			
Ressentez-vous moins de coups de fatigue durant la journée ?			
Avez-vous l'impression de mieux contrôler vos pulsions de sucre ?			
Vos assiettes du midi et du soir ressemblent-elles davantage à l'assiette *healthy* ?			
Êtes-vous davantage à l'écoute de vos sensations, de votre faim, de vos émotions ?			
Faites-vous attention à commencer votre journée par un petit déjeuner protéiné, riche en bonnes graisses et pauvre en sucres simples ?			
Avez-vous l'impression d'être davantage en équilibre, c'est-à-dire de manger sainement la majorité du temps, tout en vous octroyant de temps en temps des petits plaisirs ?			
Faites-vous attention à l'index glycémique de vos aliments, de vos repas ?			
Êtes-vous plus en mouvement qu'avant (sport et activités physiques diverses) ?			
Cuisinez-vous davantage maison ?			
Prenez-vous le temps de lire les étiquettes des produits alimentaires ?			
Êtes-vous plus méfiant·e envers les allégations santé visibles sur les packagings ?			
TOTAL			

RÉSULTATS

DE 20 À 30 POINTS

Vous pouvez vous féliciter, car vous avez amplement réussi votre sevrage !

Ce livre vous donne toutes les clés pour décrocher du sucre, mais pour y parvenir, tout était entre vos mains.

Il a fallu de la motivation et de la rigueur, ce qui n'est pas donné à tout le monde.

Continuez sur votre lancée et gardez vos bonnes habitudes !

DE 10 À 20 POINTS

Vos résultats sont dans la moyenne et donc encourageants.

Dites-vous bien que c'est un super début, car vous avez entamé des changements dans votre routine alimentaire, et cet exercice est loin d'être évident quand on a les mêmes habitudes depuis des années et qu'un stress ou un imprévu contrariant peut survenir à chaque instant ! La vie est loin d'être un long fleuve tranquille dans notre société… Et, finalement, six semaines pour tout changer, c'est très rapide…

Alors n'hésitez pas à recommencer le sevrage ou à piocher de petites astuces de ce guide çà et là, qui changeront vos habitudes pour le mieux, et pour de bon.

MOINS DE 10 POINTS

Les résultats ne sont pas au rendez-vous, mais ne perdez pas espoir.

Vous n'étiez clairement pas prêt·e à entamer ce sevrage, car vous étiez sans doute dans une période trop chargée émotionnellement, professionnellement, ou personnellement. Il est primordial d'entamer cette méthode lorsque vous vous sentez prêt·e, car il ne se fera pas sans un minimum de concessions de votre part.

Jetez un œil à votre calendrier et planifiez de recommencer le sevrage à un moment plus serein, moins chargé, et moins riche en évènements familiaux et sociaux. Et, si besoin, contactez-moi pour un suivi personnalisé !

EN ROUTE VERS LE FUTUR

Prenez un instant pour prendre une bonne inspiration et une longue expiration, et commencez à répondre aux questions suivantes avec ce qui vous vient en tête.

Écrivez cinq changements réalisés depuis la lecture de ce livre:

#1

#2

#3

#4

#5

De quoi êtes-vous le ou la plus fier·e depuis le début de ce sevrage?

Que pourriez-vous faire pour aller encore plus loin?

Dans votre assiette:	
Dans votre consommation de sucres:	
Dans votre manière de faire les courses:	
Dans votre gestion des pulsions:	
Dans votre gestion du stress:	
Dans votre activité et vos sessions sportives:	

Quels éléments perturbateurs vous empêchent d'aller encore plus loin dans la réalisation de vos objectifs de santé?

Que pourriez-vous faire pour les éliminer et vous permettre d'avancer?

Fixez-vous quatre nouveaux objectifs pour le mois prochain:

#1

#2

#3

#4

RAPPEL

Pour être réalisable, un objectif doit être SMART:

Spécifique : l'objectif doit être clairement défini, simple et précis ;

Mesurable : vous devez pouvoir suivre ou quantifier la progression vers votre objectif ;

Atteignable : cet objectif doit pouvoir se réaliser, ne demandez pas la Lune !

Réaliste : cet objectif doit être pertinent. Posez-vous la question : est-ce le bon moment pour l'atteindre ? Est-ce que je peux le faire ?

Temporel : il doit avoir une date butoir.

Par exemple : « Je souhaite perdre 2 kilos en deux mois. »

Exemple de mauvais objectif:

« Je souhaite arrêter le sucre pour de bon. »

On ne peut pas faire plus flou !

9
ANNEXES

LES RÉPONSES AUX QUIZ

COMBIEN DE SUCRE DANS......

SUCRE, OÙ ES-TU ?

- [x] Malt
- [ ] Caséine de lait
- [x] Nectar
- [x] Carbonate d'ammonium
- [x] Lactose
- [ ] Farine de malt de blé
- [ ] Démérara
- [ ] Tocophérol
- [x] Tréhalose
- [ ] Gomme xanthane
- [x] HFCS
- [ ] Fibre de maïs
- [x] Gluten de blé
- [x] Jus concentré
- [ ] Carraghénanes
- [ ] Malt
- [ ] Sucroesters d'acides gras
- [x] Panela
- [ ] Niacine
- [x] Sirop d'épeautre
- [ ] Son de riz
- [ ] Rocou